Descobrir Jogos Online Grátis

Disponível Aqui:

BestActivityBooks.com/FREEGAMES

5 DICAS PARA COMEÇAR

1) CÓMO RESOLVER LAS SOPA DE LETRAS

Os puzzles têm um formato clássico:

- As palavras estão escondidas sem espaços ou hífenes,...
- Orientação: As palavras podem ser escritas para a frente, para trás, para cima, para baixo ou na diagonal (podem ser invertidas).
- As palavras podem sobrepor-se ou intersectar-se.

2) APRENDIZAGEM ACTIVA

Ao lado de cada palavra há um espaço para anotar a tradução. Para encorajar a aprendizagem activa, um **DICIONÁRIO** no final desta edição permitir-lhe-á verificar e expandir os seus conhecimentos. Procure e anote as traduções, encontre-as no puzzle e adicione-as ao seu vocabulário!

3) MARCAR AS PALAVRAS

Pode inventar o seu próprio sistema de marcação - talvez já use um? Pode também, por exemplo, marcar palavras difíceis de encontrar com uma cruz, palavras favoritas com uma estrela, palavras novas com um triângulo, palavras raras com um diamante, e assim por diante.

4) ESTRUTURANDO A APRENDIZAGEM

Esta edição oferece um **CADERNO DE NOTAS** prático no final do livro. Nas férias, em viagem ou em casa, pode facilmente organizar os seus novos conhecimentos sem a necessidade de um segundo caderno!

5) JÁ TERMINOU TODAS AS GRELHAS?

Nas últimas páginas deste livro, na secção **DESAFIO FINAL**, encontrará um jogo gratuito!

Rápido e fácil! Consulte a nossa colecção de livros de actividades para o seu próximo momento de diversão e **aprendizagem**, a apenas um clique de distância!

Encontre o seu próximo desafio em:

BestActivityBooks.com/MeuProximoLivro

Aos vossos lugares, preparem-se...Vão!

Sabia que existem cerca de 7.000 línguas diferentes no mundo? As palavras são preciosas.

Adoramos línguas e temos trabalhado arduamente para criar livros da mais alta qualidade para si. Os nossos ingredientes?

Uma selecção de tópicos adequados à aprendizagem, três boas porções de entretenimento, e depois acrescentamos uma colherada de palavras difíceis e uma pitada de palavras raras. Servimo-los com amor e máximo divertimento, para que possa resolver os melhores jogos de palavras e se divirta a aprender!

A sua opinião é essencial. Pode participar activamente no sucesso deste livro, deixando-nos um comentário. Gostaríamos de saber o que mais lhe agradou nesta edição.

Aqui está um link rápido para a sua página de encomendas:

BestBooksActivity.com/Avaliacoes50

Obrigado pela vossa ajuda e divirtam-se!

1 - Dirigindo

```
E Z E I N H O G C A R P G M
T U N N E L L M A P J O H O
N X X N B R J F U E L L C T
K Y K X Y N M H T D S I W O
O G A U B F Y S I E A C N R
A C C I D E N T O S F E G C
H M O T O R L R N T E T A Y
B T U V C O G E U R T R R C
R O A D B T A E T I Y A A L
D A N G E R S T P A X F G E
G N Z Z Q U A N M N X F E N
H A I T D C L K U Z Z I T U
R A K F U K Q X E F O C Y M
B Z I T L I C E N S E D X R
```

ACCIDENT	MAP
TRUCK	MOTORCYCLE
CAR	MOTOR
FUEL	PEDESTRIAN
CAUTION	DANGER
ROAD	POLICE
BRAKES	STREET
GARAGE	SAFETY
GAS	TRAFFIC
LICENSE	TUNNEL

2 - Atividades

```
J  E  P  H  U  N  T  I  N  G  P  F  I  K
C  I  R  H  I  L  T  O  C  E  L  I  C  O
P  R  E  B  O  K  A  A  W  X  E  S  Q  L
N  E  A  U  I  T  I  Y  X  B  A  H  A  M
O  L  D  F  N  E  O  N  F  V  S  I  C  A
P  A  I  N  T  I  N  G  G  Y  U  N  T  G
L  X  N  L  E  S  C  A  R  T  R  G  I  I
I  A  G  E  R  N  E  R  X  A  E  H  V  C
M  T  S  I  E  A  R  D  I  C  P  Z  I  W
Y  I  X  S  S  U  A  E  T  K  A  H  T  P
B  O  A  U  T  H  M  N  Y  T  J  B  Y  M
D  N  I  R  S  R  I  I  S  K  I  L  L  T
G  A  M  E  S  M  C  N  Y  U  V  E  P  R
K  Y  V  U  L  D  S  G  K  M  K  Q  V  W
```

ART	GARDENING
CRAFTS	GAMES
ACTIVITY	LEISURE
HUNTING	READING
HIKING	MAGIC
CERAMICS	FISHING
PHOTOGRAPHY	PAINTING
SKILL	PLEASURE
INTERESTS	RELAXATION

3 - Churrascos

```
V E G E T A B L E S M A K I
K T X P K X O F N A S F N A
S O S U U R I K I K J O I Z
F M I N V I T A T I O N V V
E A S A L A D S Q T X N E F
S T M D H U N G E R F J S R
A O U I N E C H O T K P P U
U E S N L B A H G R I L L I
C S I N U Y H Q I A H Y B T
E X C E N S A L T L M S R G
B H F R C U B U U K D E K D
V G C Y H S U M M E R R S Z
P E P P E R X X F X C Q E B
I Z C H I C K E N I M S P N
```

LUNCH
INVITATION
CHILDREN
KNIVES
FAMILY
HUNGER
CHICKEN
FRUIT
GRILL
DINNER

GAMES
VEGETABLES
SAUCE
MUSIC
PEPPER
HOT
SALT
SALADS
TOMATOES
SUMMER

4 - Pesca

```
U T O E W N B D V U I E S E
F I N S I U E E K L G O E P
R C L C R Z D B J A W H A L
B I S G E Z P K F K H I S R
E X V O Y D N Q W E T E O C
A J L E Q U I P M E N T N S
C C U R R M M Z M I L Y Q
H P A T I E N C E V U G K B
C O O K W M P S A U Z U H K
V J O C E A N F N Z Q Y B T
B A S K E T Y E W A T E R A
A D E X A G G E R A T I O N
I W G I L L S X U O U P F O
T C F W B O A T R V Y N M V
```

WATER   BAIT
FINS   LAKE
BOAT   JAW
GILLS   OCEAN
BASKET   PATIENCE
COOK   WEIGHT
EQUIPMENT   BEACH
EXAGGERATION   RIVER
WIRE   SEASON
HOOK

5 - Geologia

```
V  C  R  Y  S  T  A  L  S  Q  B  I  C  V
M  I  N  E  R  A  L  S  T  U  J  W  A  O
I  E  E  A  R  T  H  Q  U  A  K  E  L  L
U  W  A  P  J  M  Y  N  M  R  S  Q  C  C
M  S  T  A  L  A  G  M  I  T  E  S  I  A
E  R  O  S  I  O  N  C  S  Z  L  T  U  N
S  T  O  N  E  Q  L  O  L  P  A  A  M  O
C  A  V  E  R  N  A  N  S  L  V  L  P  P
G  E  V  A  J  R  Y  T  J  A  A  A  T  K
Z  O  N  E  C  G  E  I  Y  T  L  C  J  V
C  L  W  F  X  I  R  N  E  E  T  Z  C
C  O  R  A  L  Y  D  E  L  A  L  I  T  A
F  O  S  S  I  L  N  N  P  U  J  T  R  H
H  X  V  N  H  G  R  T  F  Q  D  E  I  N
```

ACID	FOSSIL
LAYER	LAVA
CAVERN	MINERALS
CALCIUM	STONE
CONTINENT	PLATEAU
CORAL	QUARTZ
CRYSTALS	SALT
EROSION	EARTHQUAKE
STALACTITE	VOLCANO
STALAGMITES	ZONE

6 - Móveis

```
A  R  R  O  R  V  T  H  J  B  C  S  C  C
X  C  U  S  H  I  O  N  S  E  O  H  U  R
M  A  T  T  R  E  S  S  V  D  U  E  R  M
R  U  G  V  U  Z  D  Y  B  X  C  L  T  A
F  S  K  D  R  E  S  S  E  R  H  V  A  U
U  U  F  U  Q  C  Z  M  N  J  V  E  I  O
Q  V  T  B  L  H  I  Y  C  P  Y  S  N  Z
T  O  D  O  X  A  A  A  H  I  W  F  S  Q
X  I  R  O  N  I  V  M  X  L  X  M  V  D
S  T  T  K  W  R  K  I  M  L  W  L  S  U
D  Z  U  C  W  T  M  R  N  O  C  G  I  Q
E  P  W  A  H  Z  A  R  Z  W  C  L  V  G
S  C  O  S  M  S  A  O  V  Z  O  K  O  E
K  Z  S  E  T  S  A  R  M  C  H  A  I  R
```

PILLOW
CUSHIONS
BENCH
CHAIR
BED
MATTRESS
CURTAINS
DRESSER
MIRROR

BOOKCASE
FUTON
HAMMOCK
DESK
ARMCHAIR
SHELVES
COUCH
RUG

7 - Tempo

```
N O O N M W V P J E G F B O
I H Z D O Y E S T E R D A Y
G R N B N E J E D Z R C V F
H D A Y T A Y R K S X T F A
T E I M H R C E N T U R Y N
B C L O C K H M I N U T E N
E A J M L I O C P C X I M U
F D T U O L U A Z R N H O A
O E F O H M R L A O O V R L
R W D N D W E E L G W F N M
E W C G D A N N I A J G I U
F U T U R E Y D T M N Y N C
P F W X B B Q A A D R B G W
N E V F M W N R E L S V O Q
```

NOW   MORNING
YEAR   NOON
BEFORE   MONTH
ANNUAL   MINUTE
CALENDAR   MOMENT
DECADE   NIGHT
DAY   YESTERDAY
FUTURE   CLOCK
TODAY   WEEK
HOUR   CENTURY

8 - Astronomia

```
Z S S A S T R O N O M E R N
I K W Z N B U N I V E R S E
M Y N X W A S T E R O I D B
S E S U P E R N O V A T K U
C D T V C S O L A R S Y E L
O B S E R V A T O R Y R M A
S P T L O E A R T H F O O S
M E H Q G R A V I T Y C O T
O P L A N E T G P M N K N R
S T R A D I A T I O N E S O
E C L I P S E K O I R T H N
C O N S T E L L A T I O N A
E Q U I N O X R W M N G L U
A V A J N C M I N I P R X T
```

ASTEROID   MOON
ASTRONAUT   METEOR
ASTRONOMER   NEBULA
SKY   OBSERVATORY
CONSTELLATION   PLANET
COSMOS   RADIATION
ECLIPSE   SOLAR
EQUINOX   SUPERNOVA
ROCKET   EARTH
GRAVITY   UNIVERSE

9 - Circo

```
C M A G I C V A C Z T M C U
N O U J S C A C R O B A T P
I K S S X L K I Y U D G E T
J C M T I M O N K E Y I N I
A U F A U C T I G E R C T C
N R G T T M L I O N Z I N K
I I F G Z D E E Y G N A C E
M Q B A L L O O N S D N A T
A J J E L E P H A N T F N T
L L O D P A R A D E C C D R
S P E C T A C U L A R L Y I
S P E C T A T O R J Z O J C
O C X H K N K G Z C Z W N K
X N R G V X L R U Q S N F W
```

ACROBAT	MONKEY
ANIMALS	MAGIC
BALLOONS	JUGGLER
TICKET	MAGICIAN
PARADE	MUSIC
CANDY	CLOWN
ELEPHANT	TENT
SPECTATOR	TIGER
SPECTACULAR	COSTUME
LION	TRICK

10 - Acampamento

```
U  G  J  Z  H  L  T  K  C  A  B  I  N  E
U  C  G  H  Z  K  M  I  F  N  T  W  D  Q
U  A  H  A  M  M  O  C  K  I  I  G  O  U
S  H  J  T  R  E  E  S  R  M  R  Q  C  I
C  A  N  O  E  I  T  F  L  A  K  E  O  P
H  U  N  T  I  N  G  M  O  L  M  F  M  M
M  M  A  D  G  Q  Z  A  A  S  O  O  P  E
F  O  T  U  Z  N  B  K  Y  P  O  R  A  N
L  Z  U  P  Q  X  Y  V  P  H  N  E  S  T
C  S  R  N  R  O  P  E  L  D  O  S  U
C  T  E  N  T  K  B  G  G  L  L  T  F  R
S  K  W  Q  J  A  D  V  E  N  T  U  R  E
R  F  L  F  U  Y  I  I  N  S  E  C  T  A
N  A  D  W  A  G  H  N  K  I  G  C  W  Z
```

ANIMALS	FOREST
ADVENTURE	FIRE
TREES	INSECT
COMPASS	LAKE
CABIN	MOON
HUNTING	HAMMOCK
CANOE	MAP
HAT	MOUNTAIN
ROPE	NATURE
EQUIPMENT	TENT

11 - Emoções

```
P E T G R E L A X E D V K B
E M R S R A N G E R M A I L
A B A A Y A S W P X L P N I
C A N T F M T X X Z L B D S
E R Q I C L P E E C Q E N S
N R U S A O L A F W W X E S
T A I F L V N O T U X C S A
D S L I M E W T S H L I S D
M S I E F E A R E T Y T A N
B E T D K P I X J N U E B E
F D Y B O R E D O M T D F S
D G L C Y Z E D Y A N K P S
W J Y T E N D E R N E S S U
C W F B H C H S F L B S B M
```

JOY
LOVE
EXCITED
BLISS
KINDNESS
CALM
CONTENT
EMBARRASSED
GRATEFUL
FEAR

PEACE
ANGER
RELAXED
SATISFIED
SYMPATHY
TENDERNESS
BOREDOM
TRANQUILITY
SADNESS

12 - Ficção Científica

```
D Y S T O P I A W F Q I G E
A T O M I C E X T R E M E X
F K M Q D S I Y M O F A J P
O H I C Z I A T M B A G E L
F R B O O K S U W O N I A O
U U A M N W O T S T T N I S
T T T C I N E M A S A A F I
U O D T L L Y M N S R T O
R P P G F E A D B Y T Y X N
I I Z A E I L L U S I O N F
S A L L I Z R Y P M C R E W
T P L A N E T E W Z C G N P
I R W X T E C H N O L O G Y
C D Z Y D K U U L W O R L D
```

ATOMIC
CINEMA
DISTANT
DYSTOPIA
EXPLOSION
EXTREME
FANTASTIC
FIRE
FUTURISTIC
GALAXY

ILLUSION
IMAGINARY
BOOKS
WORLD
ORACLE
PLANET
ROBOTS
TECHNOLOGY
UTOPIA

13 - Mitologia

```
S W A R R I O R E W Y J Y H
C P L R L A B Y R I N T H E
S N Q W C T H U N D E R M R
G H C I S H I U B P P W A O
I E V M C R E A T I O N G O
M R I M R N S T Z Y A W I T
D O M O T V M C Y U A J C U
G I R R Y O Z T K P G I A Q
F N S T R E N G T H E L L W
Y E W A A L I G H T N I N G
O T H L S L B E H A V I O R
L F T I Y T L E G E N D U Y
C U L T U R E M O N S T E R
E X Z Y Z X C R E A T U R E
```

ARCHETYPE
BEHAVIOR
CREATION
CREATURE
CULTURE
DISASTER
STRENGTH
WARRIOR
HEROINE

HERO
IMMORTALITY
LABYRINTH
LEGEND
MAGICAL
MONSTER
MORTAL
LIGHTNING
THUNDER

14 - Medições

```
K  G  D  L  N  C  K  H  X  W  F  V  D  C
I  J  O  E  C  W  I  D  T  H  A  X  E  E
L  O  U  N  C  E  M  H  G  Q  L  L  G  N
O  J  M  G  Z  I  N  C  H  G  S  L  R  T
M  F  L  T  V  G  M  E  T  E  R  R  E  I
E  X  R  H  C  H  H  A  P  F  E  A  E  M
T  M  D  E  P  T  H  E  L  C  S  V  M  E
E  A  K  T  X  O  J  B  I  Z  V  O  M  T
R  S  U  O  D  O  I  R  T  G  T  O  I  E
C  S  L  N  Z  G  J  E  E  A  H  B  N  R
V  O  L  U  M  E  O  P  R  B  W  T  U  W
B  Y  T  E  M  C  N  L  N  H  N  H  T  C
J  Y  A  M  I  Z  D  X  Q  Y  H  O  E  K
K  I  L  O  G  R  A  M  L  R  V  T  D  K
```

HEIGHT	METER
BYTE	MINUTE
CENTIMETER	OUNCE
LENGTH	WEIGHT
DECIMAL	INCH
GRAM	DEPTH
DEGREE	KILOGRAM
WIDTH	KILOMETER
LITER	TON
MASS	VOLUME

15 - Plantas

```
P  D  G  N  N  Z  L  O  P  Y  J  F  F  O
E  R  O  R  C  H  E  R  B  L  B  E  O  Z
T  K  Q  T  A  X  P  H  E  B  E  R  R  Y
A  F  A  C  C  S  E  Y  A  R  W  T  E  J
L  D  D  Z  T  V  S  V  N  M  Y  I  S  G
R  O  O  T  U  R  G  Y  B  F  Y  L  T  J
T  R  E  E  S  D  O  G  G  F  Y  I  P  Y
F  L  O  W  E  R  D  S  U  Q  N  Z  I  Q
O  L  M  Q  E  H  B  N  S  N  B  E  K  P
L  B  O  T  A  N  Y  U  M  N  Q  R  H  U
I  O  S  R  Y  A  T  E  S  M  Q  Z  X  O
A  G  S  B  A  M  B  O  O  H  E  C  C  Y
G  Q  D  J  G  A  R  D  E  N  I  V  Y  S
E  B  M  V  E  G  E  T  A  T  I  O  N  L
```

BUSH	FLORA
TREE	FOREST
BERRY	FOLIAGE
BAMBOO	GRASS
BOTANY	IVY
CACTUS	GARDEN
HERB	MOSS
BEAN	PETAL
FERTILIZER	ROOT
FLOWER	VEGETATION

16 - Veículos

```
A J A I R P L A N E B M B S
T M D S A T A X I B C U V U
N O B H F E R R Y M A S S B
W T I U T M M H T E R U T M
R O C T L W P E Y B A B R A
K R Y T M A P L N L V W A R
L S C L A L N I S N A A C I
T V L E X I L C B S N Y T N
N I E X X Z K O E C Z Y O E
K L R V S S Y P L O W T R E
D X I E V L O T H O J R L O
T I O O S E L E Z T W U M S
R O C K E T R R N E H C N B
B O A T C A R C R R P K E A
```

AMBULANCE	RAFT
AIRPLANE	SCOOTER
FERRY	SUBWAY
BOAT	MOTOR
BICYCLE	BUS
TRUCK	TIRES
CARAVAN	SUBMARINE
CAR	TAXI
ROCKET	SHUTTLE
HELICOPTER	TRACTOR

17 - Restaurante # 2

```
V E G E T A B L E S X O R F
N N A L P U W S R X L W Q R
O W S A L T W A T E R O S U
O S F A P P E T I Z E R Y I
D Z D E L I C I O U S P B T
L U N C H A H Y V G K H L L
E T U H G U D I N N E R S C
S Y V A B E V E R A G E P A
U P N I Q S W W Z J A X O K
W P I R T O W A I C E S O E
E U N C F U M I F N Q V N X
P R Y E E P Z T I O F C G L
R K K Y U S U E S M R J D B
I X R B G N S R H G U K R Q
```

LUNCH	WAITER
APPETIZER	FORK
WATER	ICE
BEVERAGE	DINNER
CAKE	VEGETABLES
CHAIR	NOODLES
SPOON	FISH
DELICIOUS	SALT
SPICES	SALAD
FRUIT	SOUP

18 - Países #2

```
N Q O O Y B S F R A N C E A
I F I Q C I O L K A T J T L
G R E E C E M M H R M A I B
E P J U K R A I N E E P N A
R R T G G S L E T S X A D N
I I P L T E I U H Y I N O I
A N A R E J A M A I C A N A
X E K U I B B D I F O Q E C
N P I S R F A R T X I X S B
V A S S E O P N I D L E I F
B L T I L W X M O M B R A Y
Q D A A A Z U G A N D A O X
J Y N B N D L A O S Y R I A
U W U O D E N M A R K C A F
```

ALBANIA	LEBANON
DENMARK	MEXICO
FRANCE	NEPAL
GREECE	NIGERIA
HAITI	PAKISTAN
INDONESIA	RUSSIA
IRELAND	SYRIA
JAMAICA	SOMALIA
JAPAN	UKRAINE
LAOS	UGANDA

19 - Cozinha

```
K  N  I  V  E  S  R  D  V  J  Q  F  R  T
X  K  B  O  W  L  E  J  T  A  C  O  E  N
P  J  E  J  T  N  F  F  U  R  H  R  C  B
Z  W  M  T  D  U  R  T  R  G  M  K  I  T
L  B  I  E  T  E  I  Y  J  Q  R  S  P  X
T  O  E  A  T  L  G  N  D  A  Y  I  E  A
S  P  O  O  N  S  E  C  F  G  A  L  L  I
P  Y  X  K  A  I  R  U  G  M  P  N  I  L
O  F  S  H  P  P  A  P  L  M  R  T  J  B
N  O  A  Y  K  X  T  S  G  A  O  K  Q  S
G  O  B  G  I  W  O  W  O  Y  N  R  P  A
E  Z  O  D  N  P  R  S  P  I  C  E  S  X
F  R  E  E  Z  E  R  U  D  L  A  D  L  E
C  H  O  P  S  T  I  C  K  S  O  V  E  N
```

APRON	FREEZER
KETTLE	FORKS
SPOONS	REFRIGERATOR
TO EAT	GRILL
LADLE	NAPKIN
CUPS	JAR
SPICES	JUG
SPONGE	CHOPSTICKS
KNIVES	RECIPE
OVEN	BOWL

20 - Brinquedos

```
U  F  P  Z  B  S  H  D  C  L  A  Y  V  A
C  A  E  L  H  O  A  X  R  O  B  O  T  I
I  V  Z  C  I  Z  A  Q  A  C  A  A  R  R
P  O  G  A  M  E  S  T  F  P  T  S  U  P
R  R  M  R  A  P  K  J  T  J  C  P  C  L
K  I  I  N  G  M  A  B  S  G  H  G  K  A
I  T  A  C  I  S  B  I  D  R  U  M  S  N
T  E  C  I  N  V  H  C  N  Q  E  X  B  E
E  E  H  Y  A  E  Q  N  M  T  B  T  I  P
I  B  E  S  T  V  S  U  D  V  S  M  C  G
J  E  S  Y  I  B  K  I  O  H  F  N  Y  Y
M  G  S  B  O  O  K  S  L  U  D  L  C  Y
Z  U  X  S  N  J  J  J  L  I  O  S  L  U
J  M  W  K  A  I  F  B  A  L  L  Z  E  J
```

CLAY	CAR
CRAFTS	FAVORITE
AIRPLANE	IMAGINATION
BOAT	GAMES
DRUMS	BOOKS
BICYCLE	KITE
BALL	ROBOT
DOLL	PAINTS
TRUCK	CHESS

21 - Verão

```
G  Q  G  B  R  E  L  A  X  A  T  I  O  N
G  O  A  R  B  S  E  F  P  E  H  U  C  H
H  K  R  N  F  N  I  F  K  U  B  T  G  L
X  A  D  F  A  K  S  N  R  X  F  Y  J  N
H  C  E  N  X  J  U  S  F  I  D  D  Z  U
M  O  N  X  L  X  R  Y  E  A  E  Q  Q  Y
U  B  M  B  C  V  E  F  W  J  M  N  F  G
S  O  O  E  S  T  A  R  S  G  T  I  D  F
I  O  I  A  E  J  O  Y  A  M  R  C  L  S
C  K  E  C  A  M  P  I  N  G  A  H  U  Y
T  S  O  H  A  B  N  R  D  I  V  I  N  G
O  G  L  V  H  I  N  G  A  M  E  S  T  J
N  X  R  N  V  C  P  S  L  V  L  E  W  H
Z  Y  T  X  G  X  F  O  S  Z  Q  F  Z  B
```

CAMPING	BOOKS
JOY	SEA
FRIENDS	DIVING
HOME	MUSIC
STARS	BEACH
FAMILY	RELAXATION
GARDEN	SANDALS
GAMES	TRAVEL
LEISURE	

22 - Material de Arte

```
C P M V Z A X I C C P T L H
C Q M L O Z C O H O I A A F
R H N G V U L C A L G B M P
E R A S E R A A R O U L V Y
A B L I A J Y M C R K E U P
T R V V R V Z E O S N A O E
I U P F D O Y R A O R S D N
V S W A T E R A L I X E O C
I H H O S D Q H O L R L W I
T E F Z F T O T I I N K W L
Y S H S T U E P A P E R G S
A C R Y L I C L W P Y J P R
S R P A I N T S S T E M B A
N A X W A T E R C O L O R S
```

ACRYLIC	COLORS
ERASER	CREATIVITY
WATERCOLORS	BRUSHES
CLAY	PENCILS
WATER	TABLE
CHAIR	OIL
CHARCOAL	PAPER
EASEL	PASTELS
CAMERA	INK
GLUE	PAINTS

23 - Números

```
J  T  Y  S  H  Q  O  R  Z  D  C  W  P  H
S  F  W  E  I  G  H  T  E  E  N  G  K  H
T  P  U  A  V  X  C  Y  R  C  L  Q  L  F
U  E  M  I  Z  B  A  L  O  I  Q  F  C  I
G  C  N  O  X  G  J  Q  A  M  K  I  E  V
V  Y  F  T  W  O  C  K  C  A  S  F  C  E
V  A  O  W  R  F  W  E  W  L  E  T  X  S
N  E  U  S  I  X  T  E  E  N  V  E  Q  T
Y  H  R  T  Q  W  M  N  J  B  E  E  P  H
E  F  T  W  E  L  V  E  I  S  N  N  E  R
U  O  E  E  O  N  E  I  E  N  T  T  B  E
Z  U  E  N  M  E  I  G  H  T  E  I  Z  E
D  R  N  T  T  H  I  R  T  E  E  N  N  J
G  U  G  Y  D  S  E  V  E  N  N  B  C  A
```

FIVE	FOURTEEN
DECIMAL	FOUR
TEN	FIFTEEN
SIXTEEN	SIX
SEVENTEEN	SEVEN
EIGHTEEN	THIRTEEN
TWO	THREE
TWELVE	ONE
NINE	TWENTY
EIGHT	ZERO

24 - Ferramentas

```
L S Y L I U S G O U L S B L
Q A T U I S C L L H F D G J
G X D A K P R U K E R X J O
K E F D P F E E J J T R W P
O G T K E L W Z B Z H L S W
X S J N G R E O L H E V T H
H S C I S S O R S S M E O P
S K O F T F P O U H A H R L
I Z S E A Q C R R O L A C I
X A P M P I D A P V L M H E
W H E E L D U Z B E E M V R
K W Y I E P P O I L T E S S
L R W R C Z H R O P E R K T
D G E Q S L W J R V B W A B
```

PLIERS   MALLET
CABLE   HAMMER
GLUE   RAZOR
ROPE   SCREW
LADDER   SHOVEL
KNIFE   WHEEL
STAPLER   SCISSORS
STAPLE   TORCH
AXE

25 - Especiarias

```
F E N N E L R I R B D X C C
L R Z C O R I A N D E R U U
A K V C O R J P G P U F M R
V D D J Y E I E B A T A I R
O S W E E T W P W I R X N Y
R A N I S E N P A U T L K L
N F P X C T D E C I N T I Z
U F G L I C O R I C E Y E C
T R C I N V R N X R B Y A R
M O V A N I L L A D X N S V
E N S E A G C A R D A M O M
G J A F M B E U V X Y L U W
U H L N O Y S R O N N B R E
J U T O N I O N G I G S H L
```

SAFFRON	ONION
LICORICE	CORIANDER
GARLIC	CUMIN
BITTER	SWEET
ANISE	FENNEL
SOUR	GINGER
VANILLA	NUTMEG
CINNAMON	PEPPER
CARDAMOM	FLAVOR
CURRY	SALT

26 - Aniversário

```
A A P W C A N D L E S C X C
O A E I P L H T R J C A K E
B R K S Q P G T R D A L Q L
Q E W D M U L Z L G R E R E
Q J T O L E A R N I D N T B
D A Y M Q W A J I X S D X R
I N V I T A T I O N S A H A
Y X D N M I S U O B O R N T
J G M V T O M P H A P P Y I
O V N S Y I C E E Y Y H E O
Y J R B W R A H N C L Q A N
F R I E N D S O N G I R R T
U O P T Q L H R I J G A I D
L R M K Y O U N G I F T L M
```

JOYFUL	DAY
FRIENDS	GIFT
YEAR	SPECIAL
TO LEARN	HAPPY
CAKE	YOUNG
CALENDAR	BORN
SONG	WISDOM
CARDS	TIME
CELEBRATION	CANDLES
INVITATIONS	

27 - Casa

```
S K K C E I L I N G X D G W
Q V F F U R N I T U R E A I
K U V M I R R O R I F Y R N
M E W N Z U T F U X E R D D
U L Y Y C G X A K J N X E O
L L B S F K X U I U C T N W
S V H B Z T W C T N E I E P
H L O V P H G E C R S J U S
O E P W A O U T H M O G X L
W A L L T F I R E P L A C E
E M E S T D D M N S B R V H
R O O M I Q O C I P S A U W
K S Q X C B R O O M U G R H
L I B R A R Y X R C F E V W
```

LIBRARY	FIREPLACE
FENCE	FURNITURE
KEYS	WALL
SHOWER	DOOR
CURTAINS	ROOM
KITCHEN	ATTIC
MIRROR	RUG
GARAGE	CEILING
WINDOW	FAUCET
GARDEN	BROOM

28 - Vegetais

```
P  P  T  E  Q  R  O  S  H  A  L  L  O  T
P  E  G  E  M  A  N  Y  A  I  J  Y  G  B
C  A  F  G  R  R  I  R  W  L  P  V  S  R
Y  R  O  G  L  T  O  B  Z  A  A  Q  C  O
P  U  M  P  K  I  N  K  L  T  Z  D  S  C
D  R  Q  L  G  C  M  C  A  R  R  O  T  C
S  O  I  A  I  H  U  H  E  R  C  B  C  O
P  P  T  N  N  O  S  O  Y  L  G  X  N  L
I  A  U  T  G  K  H  G  I  M  E  R  O  I
N  B  R  C  E  E  R  A  Z  X  Q  R  V  N
A  V  N  S  R  B  O  R  H  P  O  X  Y  J
C  E  I  A  L  B  O  L  P  O  T  A  T  O
H  V  P  Y  Z  E  M  I  R  A  D  I  S  H
B  I  Q  W  V  E  Y  C  T  O  M  A  T  O
```

PUMPKIN	MUSHROOM
CELERY	PEA
ARTICHOKE	SPINACH
GARLIC	GINGER
POTATO	TURNIP
EGGPLANT	RADISH
BROCCOLI	SALAD
ONION	PARSLEY
CARROT	TOMATO
SHALLOT	

29 - Exploração

```
E X H A U S T I O N K S V Z
U X T R A V E L D W R H D W
T V C U L T U R E S O P G R
L L Q I I Q A C T I V I T Y
T A R U T U A Y E W Y M D U
W R N L W E I Z R I T T I C
H R A G K S M I M L E O S O
A T G B U T X E I D R L C U
Z N F X E A E M N S R E O R
A H I B C L G F A T A A V A
R B L M X M C E T C I R E G
D I S T A N T N I I N N R E
S E C V T L J O O H A E Y M
S P A C E O S Q N A L W E F
```

ANIMALS
TO LEARN
ACTIVITY
QUEST
COURAGE
CULTURES
DISCOVERY
DETERMINATION
DISTANT

SPACE
EXHAUSTION
EXCITEMENT
LANGUAGE
NEW
HAZARDS
WILD
TERRAIN
TRAVEL

30 - Balé

```
C R B M O R C H E S T R A N
O C A U A R T I S T I C B S
M M L S O L O U I Z X Z D K
P P L I G R A C E F U L Y D
O R E C N D S K I L L K U R
S A R R A A U D I E N C E E
E C I H I N T E N S I T Y H
R T N Y T C F S Y J Q L G E
M I A T H E U O T P I A E A
W C G H I R H Y Y Y L L S R
I E G M T S G Y B S L C T S
P J E X P R E S S I V E U A
C H O R E O G R A P H Y R L
A P P L A U S E M L H T E L
```

APPLAUSE   GRACEFUL
ARTISTIC   SKILL
BALLERINA   INTENSITY
COMPOSER   MUSIC
CHOREOGRAPHY   ORCHESTRA
DANCERS   PRACTICE
REHEARSAL   AUDIENCE
STYLE   RHYTHM
EXPRESSIVE   SOLO
GESTURE

31 - Conservação

```
W  E  N  V  I  R  O  N  M  E  N  T  A  L
P  A  H  O  V  O  L  U  N  T  E  E  R  Z
O  O  T  J  C  L  U  H  A  B  I  T  A  T
G  M  L  E  D  U  C  A  T  I  O  N  S  U
R  P  O  L  R  R  E  D  U  C  E  P  U  D
E  E  H  H  U  L  H  F  R  Y  C  Q  S  L
E  S  C  R  T  T  S  O  A  C  O  M  T  N
N  T  X  Y  P  H  I  W  L  L  S  T  A  V
H  I  B  T  C  T  N  O  N  E  Y  E  I  A
L  C  S  A  W  L  O  E  N  X  S  R  N  B
I  I  D  V  B  C  E  N  N  W  T  U  A  X
G  D  O  R  G  A  N  I  C  V  E  F  B  E
H  E  A  L  T  H  F  N  K  W  M  N  L  N
C  L  I  M  A  T  E  Y  W  S  V  W  E  J
```

ENVIRONMENTAL
WATER
CYCLE
CLIMATE
ECOSYSTEM
EDUCATION
HABITAT
NATURAL
ORGANIC

PESTICIDE
POLLUTION
RECYCLE
REDUCE
HEALTH
SUSTAINABLE
GREEN
VOLUNTEER

32 - Adjetivos #1

```
I  Z  L  K  W  A  R  O  M  A  T  I  C  D
M  W  Z  W  A  R  F  Q  G  H  O  I  W  P
P  X  B  V  T  T  A  B  S  O  L  U  T  E
O  G  D  T  T  I  C  A  Q  N  C  X  H  R
R  E  K  M  R  S  H  I  R  E  H  B  I  F
T  N  X  M  A  T  S  U  V  S  H  P  N  E
A  E  V  O  C  I  M  S  G  T  L  W  Q  C
N  R  A  D  T  C  N  U  K  E  A  O  C  T
T  O  L  E  I  I  D  A  R  K  R  V  W  V
V  U  U  R  V  U  C  H  R  N  G  C  V  U
B  S  A  N  E  H  E  A  V  Y  E  J  E  A
R  U  B  M  Y  S  T  E  R  I  O  U  S  Y
R  D  L  I  D  E  N  T  I  C  A  L  U  E
M  P  E  H  T  X  S  E  R  I  O  U  S  C
```

ABSOLUTE	HONEST
AROMATIC	IDENTICAL
ARTISTIC	IMPORTANT
ATTRACTIVE	SLOW
HUGE	MYSTERIOUS
DARK	MODERN
EXOTIC	PERFECT
THIN	HEAVY
GENEROUS	SERIOUS
LARGE	VALUABLE

33 - Insetos

```
B O L Y E Q T T Y A I B L Z
F E W A S P B E E T L E A D
G L N N R R O R E Z F Y D R
S V E T B V E M U K R S Y A
I G I A G Y A I A V Q Q B G
G C M L L K X T Z N W J U O
B E E Y R P C E Q D T C G N
W O R M A P H I D E W I N F
G R A S S H O P P E R C S L
M O S Q U I T O Y Z M A K Y
C O C K R O A C H C O D G I
B U T T E R F L Y O T A H D
J Y P H X B P H L K H R W B
C I U Z A P J P X N X I Y J
```

BEE
COCKROACH
BEETLE
BUTTERFLY
CICADA
TERMITE
ANT
GRASSHOPPER
LADYBUG

LARVA
DRAGONFLY
MANTIS
MOTH
WORM
MOSQUITO
FLEA
APHID
WASP

34 - Paisagens

```
O I Y X N S W A M P O T P X
V C P A A C A V E J A U X H
A E E A U Z T S U W S N S K
T B N A L L E A K J I D W H
U E I B N J R S D F S R R W
L R N N X L F P N E P A M E
A G S U P Q A B H M S E Q Y
N H U L E I L E G O V E N I
I S L A N D L A L U O M R W
I E A B H M A C A N L G R T
V A L L E Y K H C T C F I H
S Q J X H S E N I A A D V I
Z D F S J M L J E I N A E L
F S X U J F H O R N O A R L
```

WATERFALL   MOUNTAIN
CAVE   OASIS
HILL   OCEAN
DESERT   SWAMP
GLACIER   PENINSULA
GULF   BEACH
ICEBERG   RIVER
ISLAND   TUNDRA
LAKE   VALLEY
SEA   VOLCANO

35 - Dança

```
R  J  B  O  F  T  A  W  M  R  E  P  C  N
H  O  V  A  J  R  X  J  O  E  X  A  L  F
Y  Y  L  K  K  A  R  A  V  H  P  R  A  A
T  F  B  T  B  D  X  T  E  E  R  T  S  C
H  U  C  J  K  I  Z  T  M  A  E  N  S  A
M  L  C  U  L  T  U  R  E  R  S  E  I  D
D  X  S  G  E  I  J  F  N  S  S  R  C  E
E  C  D  S  U  O  U  S  T  A  I  L  A  M
T  R  Q  B  C  N  M  B  M  L  V  S  L  Y
G  R  A  C  E  A  P  O  N  E  E  V  L  N
M  U  S  I  C  L  M  D  V  I  S  U  A  L
C  A  R  T  Y  U  Q  Y  F  P  Z  O  A  N
P  O  S  T  U  R  E  E  M  O  T  I  O  N
C  U  L  T  U  R  A  L  V  A  Q  A  S  B
```

ACADEMY	GRACE
JOYFUL	MOVEMENT
ART	MUSIC
CLASSICAL	PARTNER
BODY	POSTURE
CULTURE	RHYTHM
CULTURAL	JUMP
EMOTION	TRADITIONAL
REHEARSAL	VISUAL
EXPRESSIVE	

36 - Nutrição

```
L  I  Q  U  I  D  S  U  B  K  R  V  B  C
Q  U  A  L  I  T  Y  S  A  X  P  I  I  A
W  E  I  G  H  T  X  J  L  X  A  T  T  R
N  U  T  R  I  E  N  T  A  F  P  A  T  B
D  I  G  E  S  T  I  O  N  L  R  M  E  O
O  A  W  Z  G  O  I  X  C  A  O  I  R  H
T  H  E  A  L  T  H  Y  E  V  T  N  H  Y
C  O  C  D  A  U  T  N  D  O  E  P  U  D
F  Y  X  C  I  C  A  L  O  R  I  E  S  R
J  L  D  I  U  B  J  O  N  E  N  U  A  A
O  Z  I  Z  N  O  L  Q  Z  Z  S  C  U  T
F  P  E  Z  A  P  P  E  T  I  T  E  C  E
V  P  T  H  E  A  L  T  H  B  C  G  E  S
F  E  R  M  E  N  T  A  T  I  O  N  G  U
```

BITTER	SAUCE
APPETITE	NUTRIENT
CALORIES	WEIGHT
CARBOHYDRATES	PROTEINS
EDIBLE	QUALITY
DIET	FLAVOR
DIGESTION	HEALTHY
BALANCED	HEALTH
FERMENTATION	TOXIN
LIQUIDS	VITAMIN

37 - Disciplinas Científicas

```
U  B  A  I  C  L  E  T  J  E  Z  P  I  K
C  I  T  N  G  F  J  C  K  C  B  H  M  I
X  O  T  H  A  G  E  O  L  O  G  Y  M  N
M  C  W  S  M  T  G  H  J  L  O  S  U  E
N  H  R  C  X  V  O  H  R  O  H  I  N  S
N  E  C  B  G  N  U  M  G  G  R  O  O  I
E  M  B  I  O  L  O  G  Y  Y  Z  L  L  O
U  I  S  E  S  T  L  F  J  T  L  O  O  L
R  S  M  E  C  H  A  N  I  C  S  G  G  O
O  T  A  S  T  R  O  N  O  M  Y  Y  Y  G
L  R  U  Y  U  G  V  G  Y  P  V  M  R  Y
O  Y  B  G  M  I  N  E  R  A  L  O  G  Y
G  W  J  H  C  H  E  M  I  S  T  R  Y  U
Y  L  I  N  G  U  I  S  T  I  C  S  Z  W
```

ANATOMY	GEOLOGY
ASTRONOMY	IMMUNOLOGY
BIOLOGY	LINGUISTICS
BIOCHEMISTRY	MECHANICS
BOTANY	MINERALOGY
KINESIOLOGY	NEUROLOGY
ECOLOGY	CHEMISTRY
PHYSIOLOGY	

38 - Meditação

```
T A Y U F Q M W K C G D M S
A E W X U E O E I O R U U C
C A A A E Q V O N M A B S P
C K U C K F E Y D P T E I E
E G Q X H E M B N A I M C R
P W A D L I E E E S T O N S
T M L M W W N Y S S U T A P
A M O B G L T G S I D I T E
N I E P O I C H S O E O U C
C N A N V Y O W J N Q N R T
E D A T T E N T I O N S E I
P E A C E A P O S T U R E V
F D J T U C L A R I T Y L E
O B S E R V A T I O N V U C
```

ACCEPTANCE   MENTAL
AWAKE   MIND
ATTENTION   MOVEMENT
KINDNESS   MUSIC
CLARITY   NATURE
COMPASSION   OBSERVATION
EMOTIONS   PEACE
TEACHINGS   PERSPECTIVE
GRATITUDE   POSTURE

39 - Artes Visuais

```
S  Z  P  O  R  T  R  A  I  T  N  I  X  Z
V  C  Q  E  P  A  I  N  T  I  N  G  U  S
A  P  U  Q  N  E  A  S  E  L  L  W  K  M
R  G  T  L  V  U  E  I  D  O  N  E  I  O
N  J  Z  P  P  Z  X  Y  C  E  T  P  E  T
I  C  R  E  A  T  I  V  I  T  Y  Y  F  Z
S  W  C  N  H  I  U  S  T  E  N  C  I  L
H  W  E  C  K  G  A  R  T  I  S  T  L  I
J  W  R  I  K  U  B  N  E  D  O  P  M  U
C  H  A  L  K  J  B  L  H  Q  W  Q  T  R
C  O  M  P  O  S  I  T  I  O  N  A  N  C
O  U  I  E  J  N  J  S  Q  I  Y  N  X  L
S  R  C  P  H  O  T  O  G  R  A  P  H  A
M  A  S  T  E  R  P  I  E  C  E  X  A  Y
```

CLAY	STENCIL
ARTIST	FILM
PEN	PHOTOGRAPH
EASEL	CHALK
WAX	PENCIL
CERAMICS	MASTERPIECE
COMPOSITION	PAINTING
CREATIVITY	PORTRAIT
SCULPTURE	VARNISH

40 - Instrumentos Musicais

```
P E R C U S S I O N L U S M
H H T A M B O U R I N E A A
W A D P L N J Y B B F O X N
Q H R G U U N Q F A Z S O D
D J U M A R I M B A N T P O
A J M T O B O E M Q L J H L
P U Q W V N C E L L O A O I
V Q I G E I I V J I E J N N
B A S S O O N C H G W A E O
T R U M P E T G A U O P D R
T R O M B O N E P I A N O O
H A R P H G F L U T E P G L
O K G H R S A Z U A U O X D
V I O L I N C L A R I N E T
```

MANDOLIN	TAMBOURINE
BANJO	PERCUSSION
CLARINET	PIANO
BASSOON	SAXOPHONE
FLUTE	DRUM
HARMONICA	TROMBONE
GONG	TRUMPET
HARP	GUITAR
MARIMBA	VIOLIN
OBOE	CELLO

41 - Escola #1

```
C P Q G M P S I S E H T D P
C H A I R A E Y D X K O I E
X D U P D Z R N W A Q L X N
N U M B E R S K S M U E L C
S X O N S R A X E S I A U I
X B O O K S M F F R Z R N L
A L P H A B E T O A S N C L
G H C L J A H Z L N A E H H
T F R I E N D S D S E W X G
M L F B L W J Q E W R L S C
A K A R H Q J F R E M X K O
T T E A C H E R S R D K K B
H H V R H Q R C C S V X Z D
U I V Y F Y Y K Z V M H B O
```

ALPHABET
LUNCH
FRIENDS
TO LEARN
LIBRARY
CHAIR
PENS
EXAMS
PENCIL
BOOKS

MARKERS
MATH
DESK
NUMBERS
PAPER
FOLDERS
TEACHER
QUIZ
ANSWERS

42 - Adjetivos #2

```
D  G  F  A  M  O  U  S  D  N  U  S  R  R
E  I  L  R  U  O  Y  D  R  O  W  M  I  E
S  F  K  Z  A  T  U  X  Y  R  J  S  N  S
C  T  K  Y  G  C  H  O  T  M  Q  Y  T  P
R  E  R  J  Q  U  S  E  Z  A  K  L  E  O
I  D  G  A  B  E  S  N  N  L  X  B  R  N
P  Y  T  V  R  N  D  F  E  T  P  U  E  S
T  E  L  E  G  A  N  T  W  J  I  K  S  I
I  P  R  O  D  U  C  T  I  V  E  C  T  B
V  C  R  E  A  T  I  V  E  S  C  W  I  L
E  D  A  O  J  D  Z  U  P  J  A  I  N  E
L  I  S  B  U  N  A  T  U  R  A  L  G  V
N  I  Q  Q  U  D  F  S  R  G  F  D  T  I
S  T  R  O  N  G  J  H  E  A  L  T  H  Y
```

AUTHENTIC	NEW
CREATIVE	PROUD
DESCRIPTIVE	PRODUCTIVE
GIFTED	PURE
ELEGANT	HOT
FAMOUS	RESPONSIBLE
STRONG	SALTY
INTERESTING	HEALTHY
NATURAL	DRY
NORMAL	WILD

43 - Roupas

```
B  M  B  F  S  O  C  K  S  H  I  R  T  O
E  M  G  L  D  A  Q  B  M  W  D  A  O  V
L  S  L  Z  O  B  N  E  C  K  L  A  C  E
T  Q  O  W  L  U  J  D  J  A  C  K  E  T
D  R  V  E  N  I  S  U  A  V  Z  E  R  D
D  R  E  S  S  K  R  E  B  L  W  N  E  V
X  P  S  W  E  A  T  E  R  V  S  V  P  W
P  A  N  T  S  B  F  P  A  J  A  M  A  S
H  A  P  R  O  N  E  J  C  O  A  T  W  K
F  A  S  H  I  O  N  M  E  C  E  Z  X  I
W  N  T  G  D  P  L  W  L  I  I  G  F  R
J  P  E  W  U  W  N  L  E  C  P  S  E  T
I  Q  F  B  U  U  T  U  T  E  V  W  I  L
Z  J  E  A  N  S  H  O  E  L  E  B  F  G
```

APRON	GLOVES
BLOUSE	SOCKS
PANTS	FASHION
SHIRT	PAJAMAS
COAT	BRACELET
HAT	SKIRT
BELT	SANDALS
NECKLACE	SHOE
JACKET	SWEATER
JEANS	DRESS

44 - Herbalismo

```
X A R O M A T I C F M B G I
D E C K P M S K B D E A A N
E N T D D L F W P P L S R G
B E N E F I C I A L T I L R
F H H F L E E P R A A L I E
L M M W A Z N E S N R C C D
O C B Q V Y B N L T R O S I
W W T Z O R O S E M A R Y E
E K G A R D E N Y L G I G N
R E U J J H G A J G O A R T
M A R J O R A M N I N N E H
Q U A L I T Y X D L H D E Y
Q S B H S A F F R O N E N M
L A V E N D E R A A Y R Y E
```

SAFFRON
ROSEMARY
GARLIC
AROMATIC
BENEFICIAL
CORIANDER
TARRAGON
FLOWER
FENNEL
INGREDIENT

GARDEN
LAVENDER
BASIL
MARJORAM
PLANT
QUALITY
FLAVOR
PARSLEY
THYME
GREEN

45 - Frutas

```
C  K  N  B  A  N  A  N  A  U  C  M  P  P
O  W  G  R  A  P  E  P  M  B  H  M  I  E
C  M  A  N  G  O  R  E  W  L  E  A  N  A
O  N  E  C  T  A  R  I  N  E  R  B  E  R
N  X  B  A  M  M  L  G  C  M  R  E  A  A
U  N  C  Z  P  B  M  K  T  O  Y  R  P  M
T  L  K  G  U  W  G  O  N  T  R  P  O
B  L  A  C  K  B  E  R  R  Y  P  Y  L  R
W  P  P  E  A  C  H  Y  F  L  M  U  E  A
A  A  V  O  C  A  D  O  K  I  W  I  B  N
M  P  P  T  Y  S  L  A  F  V  Y  E  O  G
R  A  S  P  B  E  R  R  Y  I  X  B  Y  E
S  Y  C  C  L  M  I  P  T  I  G  V  T  N
N  A  Z  N  R  E  S  O  D  R  M  J  J  E
```

AVOCADO	KIWI
PINEAPPLE	ORANGE
BLACKBERRY	LEMON
BERRY	APPLE
BANANA	PAPAYA
CHERRY	MANGO
COCONUT	NECTARINE
APRICOT	PEAR
FIG	PEACH
RASPBERRY	GRAPE

46 - Corpo Humano

```
O U U H E R S V O Z D O E C
S X A N N N Y D W Z U T L V
H K F I N G E R B T G M B R
O U I A H E A R T L B K O M
U Q Y N B I C H I N D N W H
L T X K L E G K G S K C L D
D D N L O Y A I T N J G I J
E G E E O E Q R H O F O A O
R S J U D J O E S S H J Q X
L T A T Q J B W Q E J P P E
I Q K Q F O R E H E A D Q O
K N E E H V A E A B W G L A
H E A D K Y I K N M O U T H
X P B K T R N J D U D G F J
```

MOUTH	EYE
HEAD	SHOULDER
BRAIN	EAR
HEART	SKIN
ELBOW	LEG
FINGER	NECK
KNEE	CHIN
JAW	BLOOD
HAND	FOREHEAD
NOSE	ANKLE

47 - Restaurante #1

```
A K P C H I C K E N U C C U
L W S S G N P E P K B S H P
L I F P B G U H L R N K U W
E K B H T R N G A E U I F Q
R C O F F E E W T S T T F E
G A W N Z D O A E E R C N E
Y S L A S I L I D R O H J O
B H Y P Q E X T E V J E D Q
M I E K B N E R A A Z N X H
Y E Y I Z T O E A T M E A T
L R N N T S Y S G I M T A C
B V B U Q K N S W O P D K G
D E S S E R T I S N G W Q V
F C S A U C E A J S P I C Y
```

ALLERGY	INGREDIENTS
COFFEE	MENU
CASHIER	SAUCE
MEAT	BREAD
TO EAT	SPICY
KITCHEN	PLATE
KNIFE	RESERVATION
CHICKEN	DESSERT
WAITRESS	BOWL
NAPKIN	

48 - Caminhada

```
S  P  R  E  P  A  R  A  T  I  O  N  A  O
T  H  P  J  C  A  H  G  H  Y  V  S  N  R
O  S  A  E  M  L  F  W  D  L  W  A  I  I
N  P  A  V  E  P  I  A  Q  I  W  P  M  E
E  R  B  O  O  T  S  M  A  P  F  Z  A  N
S  M  H  E  A  V  Y  P  A  R  K  S  L  T
S  O  O  G  S  M  H  W  A  T  E  R  S  A
A  U  O  E  U  C  L  I  F  F  E  X  U  T
K  N  A  J  N  C  A  M  P  I  N  G  L  I
Y  T  A  W  E  A  T  H  E  R  Z  V  N  O
W  A  Q  T  I  R  E  D  I  D  J  F  Q  N
Q  I  L  G  U  I  D  E  S  H  P  X  M  E
B  N  L  X  R  R  H  A  Z  A  R  D  S  F
Y  C  S  D  W  T  E  V  Z  R  I  T  E  D
```

CAMPING	ORIENTATION
ANIMALS	PARKS
WATER	STONES
BOOTS	CLIFF
TIRED	HAZARDS
CLIMATE	HEAVY
GUIDES	PREPARATION
MAP	WILD
MOUNTAIN	SUN
NATURE	WEATHER

49 - Água

```
S N O W R S S N X M S D M K
N R E H N A H H R L T R O U
I J J U C E I O N S E I N O
R U F R O S T N W Q A N S Y
R Q L R I V E R Y E M K O L
I D O I W A V E S O R A O Z
G V O C E A N S U X T B N G
A I D A H X L M A P P L D E
T T W N S A L U H M P E L Y
I I C E M O I S T U R E H S
O E V A P O R A T I O N L E
N L A P N O A U J R F N C R
H G H I V A D Q S N B C O E
O T S T B O L A K E D Y H Z
```

CANAL
RAIN
SHOWER
EVAPORATION
HURRICANE
FROST
ICE
GEYSER
FLOOD
IRRIGATION

LAKE
MONSOON
SNOW
OCEAN
WAVES
DRINKABLE
RIVER
MOISTURE
STEAM

50 - Sons

```
F Q K A E I T W W E G V C W
E X Z T C O U G H C R O H H
L A U G H T E R I O O I O I
B H V E O H O T S N A C R S
E E L O U D N C T C N E U P
H Y L O V M L M L E L S S E
S Q H L A Q R W E R O A C R
I N O V F C K T T T N Q P R
R E P E T I T I V E Y Z T S
E F L Y Q J N S T M J S B S
N G A I Z X U S A P T I U N
S R D H N Q D X N S G D J B
V I B R A T I O N O I S Y H
I U R H J R E S O N A N T C
```

LOUD
WHISTLE
CLAP
CONCERT
CHORUS
ECHO
GROAN
REPETITIVE
RESONANT

LAUGHTER
NOISY
BELL
SIRENS
WHISPER
COUGH
VIBRATION
VOICES

51 - Ecologia

```
A S U R V I V A L L A P T I
E U X C F M M R R M A R S H
U S M O U N T A I N S J V A
G T N N A T U R A L L L E B
L A D R O U G H T I R T G I
O I S H M B T S N L N J E T
B N A T U R E P Q M A E T A
A A D I V E R S I T Y Q A T
L B R E S O U R C E S P T F
C L I M A T E P C X K L I A
O E O U M X O F L O R A O U
C O M M U N I T I E S N N N
D D F I F Q V A R I E T Y A
V O L U N T E E R S V S K M
```

CLIMATE
COMMUNITIES
DIVERSITY
FAUNA
FLORA
GLOBAL
HABITAT
MARINE
MOUNTAINS
NATURAL

NATURE
MARSH
PLANTS
RESOURCES
DROUGHT
SURVIVAL
SUSTAINABLE
VARIETY
VEGETATION
VOLUNTEERS

52 - Família

```
A U N T H S W M G G N P J C
K H W I F E X O R R E A S O
S I S T E R J T A A P T Q U
S N T O Z C I H N N H E A S
F M A E O R E E D D E R N I
D A U G H T E R M S W N C N
B A C H I L D H O O D A E E
U R C H I L D G T N K L S H
N J O O I F A T H E R X T U
C Y Y T V L G C E Z H S O S
L B V G H A D N R U N D R B
E V X N S E L R S W N O E A
V C U N J U R Y E F G Y X N
M A T E R N A L J N R B B D
```

ANCESTOR
GRANDMOTHER
CHILD
CHILDREN
WIFE
DAUGHTER
CHILDHOOD
SISTER
BROTHER
HUSBAND

MATERNAL
MOTHER
GRANDSON
FATHER
PATERNAL
COUSIN
NIECE
NEPHEW
AUNT
UNCLE

53 - Férias #2

```
M U M U S M I E A V T L R I
A D G D P E K I W R A E E S
P A S S P O R T L H X I S L
B S B E A C H E G O I S E A
R E S T A U R A N T P U R N
V H L S Z C O P I E H R V D
M O U N T A I N S L O E A C
T L Q Z A M J J K T T B T J
Y I F H C P V O X Q O T I Q
Y D O X S I Z I U F S E O V
E A F E O N Q S S R C N N Z
K Y G K B G F D A A N T S K
A I R P O R T H G Q L E V X
F O R E I G N E R S C O Y Y
```

CAMPING   MOUNTAINS
AIRPORT   PASSPORT
FOREIGNER   BEACH
HOLIDAY   RESERVATIONS
PHOTOS   RESTAURANT
HOTEL   TAXI
ISLAND   TENT
LEISURE   JOURNEY
MAP   VISA
SEA

54 - Edifícios

```
E A P A R T M E N T H L L O
B M U N G E C G O F O R A B
T C B F Q N Y H N B T Y B S
O N Z A V T V O C T E S O E
Q X M C S L B S S M L Y R R
S Y I T C S Z P F L I B A V
J D B O H C Y I O K Z K T A
A H T R O A F T O W E R O T
G M X Y O S T A D I U M R O
K A T P L T Z L R N I U Y R
M V R Z H L X H F M H S M Y
T H E A T E R B A R N E J S
C D F S G C I N E M A U F F
E E I W J E O X X W V M A E
```

APARTMENT	GARAGE
CASTLE	HOSPITAL
BARN	HOTEL
CINEMA	LABORATORY
EMBASSY	MUSEUM
SCHOOL	OBSERVATORY
STADIUM	THEATER
FARM	TENT
FACTORY	TOWER

55 - Praia

```
K Y X M H S H M V X T C H M
C C J K M A A R T E I R A I
D S D B K N M N I S L A N D
B L U E H D N F D E Z B R B
O N M N C P T H H A Z F J U
A H B C O A S T U Y L U J O
T Y R E F W Q E L L S I Q
Z M E L S A I L B O A T K D
A Z L E A X U G R H V F S O
T G L O Y G T E K W U V M C
M P A E Q E O E U R A F L K
B K Q U Q C W O Z T L E S L
O G L Z O C E A N Q T U E R
W H K S A D L H Y C D D A Q
```

SAND
BLUE
BOAT
CRAB
COAST
DOCK
UMBRELLA
ISLAND

LAGOON
SEA
OCEAN
REEF
SANDALS
SUN
TOWEL
SAILBOAT

56 - Ferramentas de Cozinha

```
C O L A N D E R K M O P F Y
H R D J D O S A Y E C Q G A
R E S Z B L C P B K T L W A
E M T C L L I D O W S T Y L
F K O H E Z S U L O K X L A
R O V E N K S R C K N I F E
I T R I D H O J U I C E R S
G O H K E G R A T E R U S P
E A K C R H S Y L S C Y V A
R S S W Y B T H E K O K V T
A T P A O O O X R I D Q K U
T E L H T O V E Y C H E W L
O R P N J R E O D R P J Z A
R T H E R M O M E T E R C F
```

KETTLE
COLANDER
SPOON
SPATULA
JUICER
KNIFE
STOVE
OVEN
FORK

REFRIGERATOR
BLENDER
GRATER
CUTLERY
LID
THERMOMETER
SCISSORS
TOASTER

57 - Xadrez

```
E P Y D K N B S G S U S S T
C A L I A W L X G A M E T K
R S X A S F A H K C H Q R A
A S M G Y T C C M R T U A H
E I Z O E E K W H I T E T F
C V U N C L R R O F T E E O
C E L A C H A M P I O N G P
F G Q L L H V F D C F T Y P
P O I N T S H G S E K O C O
R U L E S E K U O E I L Q N
C H A L L E N G E S N E G E
C O N T E S T I M E G A N N
T O U R N A M E N T C R S T
J O T X W B I M N B K N C G
```

TO LEARN
WHITE
CHAMPION
CONTEST
CHALLENGES
DIAGONAL
STRATEGY
PLAYER
GAME
OPPONENT

PASSIVE
POINTS
BLACK
QUEEN
RULES
KING
SACRIFICE
TIME
TOURNAMENT

58 - Aventura

```
B O M M T H N I E M S C Y A
T E P V S C H A N C E H E C
D P A P F Z V S T G M A N T
A R N U O X W W B U T L T I
N E W N T R Y N J G R L H V
G P F U A Y T J Y T E E U I
E A Y S Y C I U X F M N S T
R R B U E B H W N R H G I Y
O A K A B D Q N U I U E A X
U T U L V Y J L V E T S S R
S I S A F E T Y R N G Y M K
J O Y L C J V N S D E T E W
K N U V E X C U R S I O N L
D I F F I C U L T Y Y D R H
```

JOY	EXCURSION
FRIENDS	UNUSUAL
ACTIVITY	NATURE
BEAUTY	NEW
CHANCE	OPPORTUNITY
CHALLENGES	DANGEROUS
DIFFICULTY	PREPARATION
ENTHUSIASM	SAFETY

59 - Floresta Tropical

```
C  S  F  B  I  R  D  S  S  A  D  C  T  C
O  U  R  O  N  E  M  O  S  S  P  L  E  Y
M  R  E  N  S  F  A  C  K  K  Z  O  G  S
M  V  S  J  E  U  M  X  L  F  B  U  Z  I
U  I  P  U  C  G  M  S  G  I  P  D  Z  N
N  V  E  N  T  E  A  Q  E  S  M  S  C  D
I  A  C  G  S  N  L  S  V  T  F  A  Z  I
T  L  T  L  I  O  S  P  S  N  W  J  T  G
Y  P  R  E  S  E  R  V  A  T  I  O  N  E
A  M  P  H  I  B  I  A  N  S  R  J  A  N
D  I  V  E  R  S  I  T  Y  D  R  L  T  O
S  P  E  C  I  E  S  Y  H  K  S  T  U  U
R  E  S  T  O  R  A  T  I  O  N  Q  R  S
B  O  T  A  N  I  C  A  L  Q  X  J  E  I
```

AMPHIBIANS	NATURE
BOTANICAL	CLOUDS
CLIMATE	BIRDS
COMMUNITY	PRESERVATION
DIVERSITY	REFUGE
SPECIES	RESPECT
INDIGENOUS	RESTORATION
INSECTS	JUNGLE
MAMMALS	SURVIVAL
MOSS	

60 - Cidade

```
T  Z  J  E  P  I  P  G  A  L  L  E  R  Y
O  V  H  D  B  B  A  H  S  K  S  R  N  B
T  H  E  A  T  E  R  O  A  E  D  L  O  A
A  X  B  O  O  K  S  T  O  R  E  J  U  K
I  B  A  L  S  J  E  E  K  E  M  X  U  E
R  M  N  L  C  W  D  L  A  S  K  A  R  R
P  F  K  Z  H  H  P  I  U  T  W  F  C  Y
O  C  X  O  O  U  E  M  U  A  C  L  K  Y
R  S  I  O  O  U  D  A  V  U  R  O  I  L
T  A  A  N  L  I  B  R  A  R  Y  R  C  N
W  O  D  L  E  L  O  K  T  A  M  I  D  K
V  S  D  K  O  M  T  E  Q  N  F  S  Q  V
O  C  L  T  B  N  A  T  H  T  J  T  V  B
M  U  S  E  U  M  S  T  A  D  I  U  M  W
```

AIRPORT	HOTEL
BANK	ZOO
LIBRARY	BOOKSTORE
CINEMA	MARKET
SCHOOL	MUSEUM
STADIUM	BAKERY
PHARMACY	RESTAURANT
FLORIST	SALON
GALLERY	THEATER

61 - Matemática

```
D E C I M A L K H V P G C E
F T R I A N G L E O A E I R
L S J F W G S U M L R O R A
T T N O M L C G T U A M C D
E D I A M E T E R M L E U I
L V O H W S K I K E L T M U
A R I T H M E T I C E R F S
S Y M M E T R Y E W L Y E F
P E R P E N D I C U L A R G
P O L Y G O N F I E D X E R
E Q U A T I O N Z N F E N M
I P N J F R A C T I O N C N
Y F K F R E C T A N G L E Q
V L J H P P E R I M E T E R
```

ARITHMETIC	PERIMETER
ANGLES	PERPENDICULAR
CIRCUMFERENCE	POLYGON
DECIMAL	RADIUS
DIAMETER	RECTANGLE
EQUATION	SYMMETRY
FRACTION	SUM
GEOMETRY	TRIANGLE
PARALLEL	VOLUME

62 - Natureza

```
G L A C I E R V T E D I L C
O H R K A X R R R B E E S L
L Q C H N C X E O E S S A O
M M T R I V E R P A E H N U
L T I K M I X T I U R E C D
I V C A A T F F C T T L T S
P C C G L A D O A Y G T U P
F H W Q S L Y R L W Q E A E
Q O S E R E N E C I X R R A
B W G X R L A S Y L A D Y C
Y Z G D E D M T D D H G P E
M B V A D O I B O S X X E F
M E Q T P H C A K N H T I U
E R O S I O N W G S E R X L
```

BEES	GLACIER
SHELTER	FOG
ANIMALS	CLOUDS
ARCTIC	PEACEFUL
BEAUTY	RIVER
DESERT	SANCTUARY
DYNAMIC	WILD
EROSION	SERENE
FOREST	TROPICAL
FOLIAGE	VITAL

63 - Preencher

```
O Y B U C K E T D M Y D B U
V Q J A R A W Y R K B J S K
A E X O S T E E A T A W I U
S D S N Q I Y T W Y R M H J
E R D S F Q N T E A R W F Y
W X D X E Z C K R X E E Z R
Z U C I H L H I B P L C L X
B O T T L E M S P A K T B B
W M D P F H T I T C G U O A
Q J D P O C K E T K B B X S
E N V E L O P E R E O E G K
D E H L D P D E A T S K G E
O X H M E L W S Y C A O R T
P F Q C R S U I T C A S E P
```

BASIN	DRAWER
BUCKET	JAR
TRAY	SUITCASE
BARREL	VESSEL
POCKET	PACKET
BOX	FOLDER
BASKET	BAG
ENVELOPE	TUBE
BOTTLE	VASE

64 - Animais de Estimação

```
W  G  A  G  N  P  A  Y  L  V  R  V  E  X
X  A  C  A  T  A  S  F  I  S  H  E  N  U
Y  Y  T  J  P  R  V  J  Z  M  A  T  B  D
K  R  U  E  Z  R  M  F  A  P  M  E  U  N
K  I  R  L  R  O  O  F  R  T  S  R  M  G
O  K  T  H  G  T  L  D  D  B  T  I  N  W
O  H  L  T  M  O  U  S  E  J  E  N  Y  K
P  N  E  K  E  M  C  T  T  Y  R  A  G  K
C  L  A  W  S  N  O  O  D  R  C  R  R  M
B  I  B  V  N  W  W  Q  L  W  I  I  A  Z
Y  G  O  A  T  I  G  G  M  L  R  A  B  N
T  A  I  L  J  P  K  E  F  W  A  N  B  V
P  U  P  P  Y  D  O  G  O  A  C  R  I  E
M  A  R  Y  R  R  J  S  V  K  S  R  T  G
```

WATER	CAT
GOAT	HAMSTER
PUPPY	LIZARD
TAIL	MOUSE
DOG	PARROT
RABBIT	FISH
COLLAR	TURTLE
CLAWS	COW
KITTEN	VETERINARIAN

65 - Escalada

```
T E R R A I N G Z K X T V I
K I K Z Y J O B L M Q R I X
A L T I T U D E P O L I X E
S S T R E N G T H H V V K C
T R L D U N E B V R R E X H
A O E H Y C C X O I F C S A
B O O T S G U P P X M A P L
I H X Q U S R O T E H V N L
L E P H Y S I C A L R E A E
I L F W I G O G J U S T R N
T M W V R K S J U Y E G R G
Y E L J O F I B R E T T O E
C T E W X Y T N U G T U W S
Z L C A M E Y J G U I D E S
```

ALTITUDE
BOOTS
HIKING
HELMET
CAVE
CURIOSITY
CHALLENGES
EXPERT

STABILITY
NARROW
PHYSICAL
STRENGTH
GUIDES
GLOVES
MAP
TERRAIN

66 - Aviões

```
A P A S S E N G E R A V S R
H T A D V E N T U R E C K G
E C M D I R E C T I O N Y V
I R C O N S T R U C T I O N
G E F P S H Y D R O G E N L
H W U I S P I N F L A T E A
T I E L Z W H Z P H Y E D N
M T L O M G I E N G I N E D
N G D T E P S S R D P D S I
K M Y O U W T I J E A K C N
H J B A L L O O N J I L E G
J I J R N B R P W T R G N O
D M V T P N Y J W R M H T T
A L T I T U D E K U U Q I E
```

ALTITUDE
HEIGHT
AIR
LANDING
ATMOSPHERE
ADVENTURE
BALLOON
SKY
FUEL
CONSTRUCTION

DESCENT
DIRECTION
HYDROGEN
HISTORY
INFLATE
ENGINE
PASSENGER
PILOT
CREW

67 - Tipos de Cabelo

```
U  F  F  S  I  L  V  E  R  M  V  B  F  C
K  H  P  J  H  C  L  R  B  S  B  R  I  U
B  A  L  D  A  I  O  Z  M  G  R  A  Y  R
S  O  F  T  H  I  N  L  K  C  A  I  G  L
I  G  Q  H  E  S  G  Y  O  U  I  D  O  Y
U  C  O  I  A  Z  W  P  L  R  D  S  N  V
A  C  J  C  L  Q  L  E  S  L  E  Y  E  E
I  L  I  K  T  O  S  O  A  S  D  D  I  C
P  R  V  Q  H  W  H  I  T  E  N  E  R  P  F
N  M  Y  Q  Y  A  M  P  N  B  C  Y  Z  E
E  I  T  I  F  Y  W  E  F  P  L  R  U  U
B  R  O  W  N  W  Y  O  W  P  T  A  L  G
C  P  M  D  J  B  A  P  F  F  W  L  C  E
B  L  O  N  D  Z  J  Z  K  W  A  V  Y  K
```

WHITE	LONG
SHINY	BROWN
CURLS	WAVY
BALD	SILVER
GRAY	BLACK
COLORED	HEALTHY
CURLY	DRY
THIN	SOFT
THICK	BRAIDED
BLOND	BRAIDS

68 - Formas

```
B D G D C S T R I A N G L E
C P X C O U Q Q R H J R T U
Q N D Y R J R U W I C Q I G
A E W L N W E V A V A Z A R
A L G I E K C G E R E H Z E
F L L N R Q T I K P E H H B
R I W D L N A R C P R I S M
S P H E R E N M O O V A L G
S S N R A D G K N L F W W C
O E H S Q R L H E Y Y K K I
Q E U L I N E N Q G J A O R
C U B E K D R R G O Z R P C
M K A O E E E O X N S W N L
F K N G J L P Y R A M I D E
```

ARC	SIDE
CORNER	LINE
CYLINDER	OVAL
CIRCLE	PYRAMID
CONE	POLYGON
CUBE	PRISM
CURVE	SQUARE
ELLIPSE	RECTANGLE
SPHERE	TRIANGLE

69 - Dias e Meses

```
W  M  B  O  V  C  A  L  E  N  D  A  R  S
Y  E  O  W  D  J  U  N  E  J  R  O  J  E
R  V  E  N  T  O  G  P  N  J  U  L  Y  P
M  F  D  K  T  X  U  A  Y  R  S  Q  U  T
L  B  U  R  V  H  S  U  N  D  A  Y  S  E
M  O  N  D  A  Y  T  K  Z  E  T  S  T  M
F  R  O  Y  E  A  R  E  J  C  U  R  S  B
E  H  V  A  O  C  T  O  B  E  R  W  J  E
B  U  E  S  P  N  V  R  I  M  D  Q  A  R
R  K  M  W  K  R  E  T  K  B  A  F  N  A
U  U  B  P  N  N  I  O  J  E  Y  K  U  V
A  V  E  H  A  U  G  L  F  R  I  D  A  Y
R  K  R  T  H  U  R  S  D  A  Y  P  R  P
Y  T  U  E  S  D  A  Y  L  H  O  P  Y  U
```

APRIL	MONTH
AUGUST	NOVEMBER
YEAR	OCTOBER
CALENDAR	THURSDAY
DECEMBER	SATURDAY
SUNDAY	MONDAY
FEBRUARY	WEEK
JANUARY	SEPTEMBER
JULY	FRIDAY
JUNE	TUESDAY

70 - Geografia

```
B C S E A W D Z K V I M A T
W H N O S D O M I I D T L E
W M D C U A Q R A G A Y T R
T E S E S T K M L P G F I R
M R V A F L H T S D I K T I
O I A N L A T I T U D E U T
U D F F A S D S H U V K D O
N I R J W O D M N T B Y E R
T A I R E G I O N C I T Y Y
A N V I S L A N D I B H T D
I R E T T C O N T I N E N T
N O R T H E M I S P H E R E
M E C O U N T R Y O R F Z L
A H P M O D C I I P M W T S
```

ALTITUDE
ATLAS
CITY
CONTINENT
HEMISPHERE
ISLAND
LATITUDE
MAP
SEA
MERIDIAN

MOUNTAIN
WORLD
NORTH
OCEAN
WEST
COUNTRY
REGION
RIVER
SOUTH
TERRITORY

71 - Antártica

```
E R E S E A R C H E R R A M
N B F H W E U B B E B A Y I
V Y E B H M I G R A T I O N
I P E N G U I N S C H V Q E
R G E X P E D I T I O N N R
O L N M H P E N I N S U L A
N A G I R D Z W A T E R G L
M C O N S E R V A T I O N S
E I S L A N D S O R O C K Y
N E I C E C O N T I N E N T
T R W T E M P E R A T U R E
A S C I E N T I F I C F N Y
P U Y I R C O V E Z O W D L
A C G E O G R A P H Y Q Z M
```

ENVIRONMENT   GEOGRAPHY
WATER   ISLANDS
BAY   RESEARCHER
SCIENTIFIC   MIGRATION
CONSERVATION   MINERALS
CONTINENT   PENINSULA
COVE   PENGUINS
EXPEDITION   ROCKY
GLACIERS   TEMPERATURE
ICE

72 - Flores

```
F L I L A C L O V E R D C D
J A S M I N E X T O S G F O
S V R U Y I G A R D E N I A
H E S J X H R L U A P F Q L
G N H G T P M A G N O L I A
B D O I P E O N Y D I L I X
O E K S B P L U M E R I A P
B R J K F I S O F L S A V E
T O P O V D S R F I Q P T T
U K U E U Y H C P O P P Y A
L F A Q K N R H U N Z R L L
I M R A U I B I X S C O I H
P V C A L E N D U L A S L M
D A I S Y X T W N W P E Y Q
```

BOUQUET
CALENDULA
DANDELION
GARDENIA
HIBISCUS
JASMINE
LAVENDER
LILAC
LILY
MAGNOLIA

DAISY
ORCHID
POPPY
PEONY
PETAL
PLUMERIA
ROSE
CLOVER
TULIP

73 - Fazenda #1

```
G Y W A T E R D R W R U T P
I P J L C N V H S C S T C B
P Z K F E N C E V C B B B W Q
F I I G I B Z H P U V L Z M
B L C T F E R T I L I Z E R
F H O R S E L H G C O W B C
I G Q C A T C D E I S S E B
C H I C K E N O N L M B Y L
R I C E F H O G V G C A L F
A G R I C U L T U R E Q J M
Q T O D O N K E Y V E Q T B
P G W H O N E Y J J D Z P O
A C D V A P C J L Y V Q M J
G O A T P Y N V S G T L F G
```

BEE	FENCE
AGRICULTURE	CROW
RICE	HAY
WATER	FERTILIZER
CALF	CHICKEN
DONKEY	CAT
GOAT	HONEY
FIELD	PIG
HORSE	FLOCK
DOG	COW

74 - Livros

```
O  L  I  U  D  O  O  W  V  O  D  A  R  Q
E  I  G  P  U  I  A  B  D  L  A  T  E  I
G  T  R  G  A  U  T  H  O  R  J  C  M  E
W  E  X  E  L  Q  P  O  E  T  R  Y  I  P
S  R  Z  C  I  W  A  N  T  G  K  W  N  I
T  A  I  Q  T  X  G  H  C  Q  S  H  V  C
O  R  T  T  Y  R  E  A  D  E  R  A  E  N
R  Y  H  O  T  S  E  R  I  E  S  C  N  A
Y  C  O  L  L  E  C  T  I  O  N  O  T  R
C  J  N  P  U  O  N  P  P  M  E  N  I  R
L  F  O  Q  E  N  E  A  O  O  S  T  V  A
A  D  V  E  N  T  U  R  E  E  F  E  E  T
V  D  E  D  T  R  A  G  I  C  M  X  S  O
N  R  L  F  R  E  L  E  V  A  N  T  S  R
```

AUTHOR	LITERARY
ADVENTURE	NARRATOR
COLLECTION	PAGE
CONTEXT	POEM
DUALITY	POETRY
WRITTEN	RELEVANT
EPIC	NOVEL
STORY	SERIES
INVENTIVE	TRAGIC
READER	

75 - Chocolate

```
Q U A L I T Y E V Y C L Q R
F L A V O R D D X M A R R E
A A C C T S S I M O O R G C
C F A D H Z U N I M T N R I
B A R O M A E G Y A A I E P
I V C P F X O R A X S Q C E
T O C A R A M E L R T U D C
T R G P O J M D T J E G B A
E I O A D E L I C I O U S L
R T O P O W D E R W E L W O
P E A N U T S N D F Y K E R
C O C O N U T T V R I G E I
J D A N T I O X I D A N T E
A R T I S A N A L R J L G S
```

SUGAR	DELICIOUS
BITTER	SWEET
PEANUTS	EXOTIC
ANTIOXIDANT	FAVORITE
AROMA	TASTE
ARTISANAL	INGREDIENT
CACAO	POWDER
CALORIES	QUALITY
CARAMEL	RECIPE
COCONUT	FLAVOR

76 - Profissões #2

```
F P I T H R D L E W P O J M
A P H N E S Z C K E H J C H
R A A Y V A B M U S O I B F
M I S P S E C H E U T L X O
E N T H D I N H N Q O L E R
R T R S E B C T E A G U N E
Z E O U N I K I O R R S G S
E R N R T O Z A A R A T I E
E A A G I L C T P N P R N A
O M U E S O U O J I H A E R
R R T O T G Q O A X E T E C
M L A N P I L O T M R O R H
P H I L O S O P H E R R A E
A X W U H T G A R D E N E R
```

FARMER   ILLUSTRATOR
ASTRONAUT   INVENTOR
BIOLOGIST   RESEARCHER
SURGEON   GARDENER
DENTIST   PHYSICIAN
ENGINEER   PILOT
PHILOSOPHER   PAINTER
PHOTOGRAPHER   TEACHER

77 - Fazenda #2

```
B  T  T  I  W  A  I  A  G  O  Y  C  F  F
T  H  W  Z  S  D  R  M  N  N  J  T  V  D
Y  M  J  C  H  K  R  M  I  I  Z  V  N  U
S  E  B  E  E  H  I  V  E  L  M  B  S  C
B  A  R  L  E  Y  G  L  A  H  K  A  J  K
S  D  T  A  P  G  A  L  L  A  M  A  L  R
H  O  R  M  F  L  T  F  A  R  M  E  R  S
E  W  A  B  R  C  I  R  I  P  E  U  C  W
P  Z  C  A  U  B  O  R  C  H  A  R  D  H
H  G  T  C  I  N  N  R  B  A  R  N  W  E
E  B  O  L  T  T  G  M  N  U  Y  V  T  A
R  E  R  V  E  G  E  T  A  B  L  E  U  T
D  C  R  U  P  O  E  N  L  S  J  Q  Y  X
O  B  R  F  Y  U  V  O  O  E  G  O  J  D
```

FARMER	RIPE
ANIMALS	CORN
BARN	SHEEP
BARLEY	SHEPHERD
BEEHIVE	DUCK
LAMB	ORCHARD
FRUIT	MEADOW
IRRIGATION	TRACTOR
MILK	WHEAT
LLAMA	VEGETABLE

78 - Jardim

```
L S S C C S G U J Y W V U T
A G O L T R A M P O L I N E
W A T I F Z R A K E A N A R
N R K Y L M A X C E L E H R
E D T L O F G Z A B X Y I A
L E F V W B E N C H O S E C
B N N V E P O N D T R E E E
H U G I R O R Y C G R A S S
A G S G F R C H I E O I X V
M A K H H C H C A X S N B Q
M Z W Z C H A T K B Z I S X
O D Q L O V R G P A W I B L
C T B B D J D L B Y A X M S
K M S H O V E L X C Y L E B
```

RAKE	POND
BUSH	HAMMOCK
TREE	HOSE
BENCH	SHOVEL
FENCE	ORCHARD
FLOWER	SOIL
GARAGE	TERRACE
GRASS	TRAMPOLINE
LAWN	PORCH
GARDEN	VINE

79 - Oceano

```
B O A T Z S T O R M C W W O
L G L C Y P P D T D O H T C
H Q G R E E F O U W R A I T
J D A A E S O L N K A L D O
S E E B L H Y P A G L E E P
H D L H U A S H U H E P S U
R N O L Z R T I O P L B D S
I S Q M Y K E N Y F J U T X
M A E E I F R W C I I H J K
P L M A K A I T N S H P M L
R T U R T L E S R H I U I A
T F V E L Z E L H W M F P Z
G K V O X G M J B T Y U U K
Y I Y U C J W Z N E Z E P Z
```

ALGAE	TIDES
TUNA	JELLYFISH
WHALE	OYSTER
BOAT	FISH
SHRIMP	OCTOPUS
CRAB	REEF
CORAL	SALT
EEL	TURTLE
SPONGE	STORM
DOLPHIN	SHARK

80 - Profissões #1

```
P I A N I S T N F I R G A W
A S J M V V P L U M B E R D
F S A B B N E E D I T O R Q
I H T I O A T U O B P L E S
R U U R L O S R H V W O B C
E N D H O O F S D K F G H I
F T D X H N R Y A B M I Y E
I E C L S U O F N D Y S N N
G R F H C R T M C F O T B T
H A R T I S T K E T K R A I
T D J E W E L E R R M O N S
E A T T O R N E Y S S A K T
R U C A R T O G R A P H E R
P S Y C H O L O G I S T R A
```

ATTORNEY   EDITOR
ARTIST   AMBASSADOR
ASTRONOMER   PLUMBER
BANKER   NURSE
FIREFIGHTER   GEOLOGIST
HUNTER   JEWELER
CARTOGRAPHER   SAILOR
SCIENTIST   PIANIST
DANCER   PSYCHOLOGIST

81 - Castelos

```
P D R A G O N F E H T Z C Z
O R F O R T R E S S O L L P
P O I Y P P O U W D W R U N
O P D N J X K D O G E Q S C
C L E K C N I A R J R D N E
E M P I R E C L D O N E O C
P U M N O K S S H I E L D A
R N C G W Y N S A R M O R T
I I C D N H B I Z S F O Y A
N C N O Q U V P G T N X F P
C O O M A W O A M H B Q N U
E R B D Y N A S T Y T Z B L
W N L G L K J W A L L E K T
X T E M T P A L A C E J Z N
```

ARMOR
CATAPULT
KNIGHT
HORSE
CROWN
DYNASTY
DRAGON
SHIELD
SWORD
FEUDAL

FORTRESS
EMPIRE
NOBLE
PALACE
WALL
PRINCESS
PRINCE
KINGDOM
TOWER
UNICORN

82 - Escola # 2

```
N  S  C  I  E  N  C  E  M  A  T  H  L  D
X  R  S  O  Z  X  O  Q  M  X  L  E  I  I
B  E  U  Q  M  S  O  A  K  O  C  D  T  C
O  A  P  G  B  P  Y  Y  B  W  A  U  E  T
O  D  P  R  E  M  U  G  P  R  L  C  R  I
K  I  L  A  J  I  C  T  L  P  E  A  A  O
S  N  I  M  H  G  R  H  E  N  N  T  T  N
L  G  E  M  A  I  Y  Z  O  R  D  I  U  A
W  I  S  A  P  E  N  C  I  L  A  O  R  R
F  J  B  R  E  K  D  G  D  S  R  N  E  Y
Z  H  F  R  A  K  B  A  C  K  P  A  C  K
Q  Y  A  C  A  D  E  M  I  C  Q  A  S  Y
P  A  P  E  R  R  T  E  A  C  H  E  R  B
D  L  B  F  O  H  Y  S  A  I  Q  O  Z  J
```

ACADEMIC	PENCIL
LIBRARY	READING
CALENDAR	LITERATURE
SCIENCE	BOOKS
COMPUTER	MATH
DICTIONARY	BACKPACK
EDUCATION	PAPER
GRAMMAR	TEACHER
GAMES	SUPPLIES

83 - Abelhas

```
D E C O S Y S T E M H G V M
C I P S P E E X V F I I G B
L N V I R G T H A L E Y V W
T S W E O X B L A O J B S E
X E G A R D E N C W A X W C
E C G F O S M O K E N R A M
L T Z R K I I W Z R K H R L
E M Q U E E N T R S H Y M S
H A B I T A T V Y Q F B R Q
H D X T V E B L O S S O M Z
P O L L E N Q R O X U L U D
Y V N G N O J P L A N T S B
O L A E B E N E F I C I A L
J L E F Y W I N G S U J T M
```

WINGS	SMOKE
BENEFICIAL	HABITAT
WAX	INSECT
HIVE	GARDEN
DIVERSITY	HONEY
ECOSYSTEM	PLANTS
SWARM	POLLEN
BLOSSOM	QUEEN
FLOWERS	SUN
FRUIT	

84 - Banheiro

```
S P O N G E V L Q G T Y C T
I C O D X Y T S M J O W M O
L D I T P I O Y N B I H I I
G O Z S H O W E R S I I R L
Q S T S S P E R F U M E R E
M H Y I D O L U A C S B O T
B A T H O E R G U N T U R Q
B M E Y D N P S C T R B X K
B P C R W B S T E A M B S W
F O S G Z A T Q T Q N L P B
D O O T W X T P W T T E C Y
V X O B U F U E A P B S Y B
H G J G S O A P R X A J S X
U N Z I H V U X K H W A Y A
```

WATER
TOILET
BATH
BUBBLES
SHOWER
MIRROR
SPONGE
LOTION

PERFUME
SOAP
RUG
SCISSORS
TOWEL
FAUCET
STEAM
SHAMPOO

85 - Ciência

```
P  L  A  B  O  R  A  T  O  R  Y  N  Z  P
A  U  D  P  H  Y  S  I  C  S  K  A  P  E
R  M  O  L  E  C  U  L  E  S  K  T  I  Q
T  A  D  A  T  A  G  V  J  H  G  U  E  Y
I  G  F  N  I  E  C  T  L  J  R  R  H  Y
C  S  A  T  O  M  B  W  B  D  A  E  M  N
L  Q  C  S  T  Q  R  Y  T  G  V  V  I  C
E  M  T  I  E  V  O  L  U  T  I  O  N  L
S  B  E  D  E  F  O  B  G  T  T  N  E  I
T  X  U  T  K  N  O  D  S  V  Y  F  R  M
E  M  C  U  H  Q  T  S  J  Y  I  C  A  A
G  K  R  B  H  O  Q  I  S  L  V  Z  L  T
H  A  L  O  B  U  D  D  S  I  S  R  S  E
P  O  R  G  A  N  I  S  M  T  L  A  H  A
```

ATOM
SCIENTIST
CLIMATE
DATA
EVOLUTION
FACT
PHYSICS
FOSSIL
GRAVITY

LABORATORY
METHOD
MINERALS
MOLECULES
NATURE
ORGANISM
PARTICLES
PLANTS

86 - Cores

```
L X Q K O R X G F U O X Q Y
S M B R O W N Z E O C N P H
T B L A C K V Z X I R I U R
V F U C H S I A C Y A N R I
L S E P I A O P K W D W P M
L M O R K S L K L L L O L U
C L A R V G E C B R G R E Y
R M A G A R T X Y E L L O W
I I Z R E N W Q A D I T Y A
M M H E Q N G P I N K G N X
S M F E T D T E E U B K E Z
O X I N E S W A W H I T E L
N I J F P S S Y Q F Y E E W
L H M Y D C F J B X G I Z B
```

YELLOW	MAGENTA
BLUE	BROWN
BEIGE	BLACK
WHITE	PINK
CRIMSON	PURPLE
CYAN	SEPIA
GREY	GREEN
FUCHSIA	RED
ORANGE	VIOLET

87 - Comida #1

```
S U G A R B G S A L T H S B
O M N A M S A A O Z O A T W
T U R N I P Q R R U H P R G
U P X N L I O U L P R A H
N E F Q K N T Q E E I I W K
A A W F B A S I L M Y C B O
A N V Q R C A R R O T O E N
J U I C E H D J F N F T R I
K T G V V W E Q J Q C N R O
C B H V H U M E K K H V Y N
S A L A D C I N N A M O N H
C W N S A E I Z A H O Z Y R
Q D J T J C A K E U Q M X I
A O S R Q L T P H Q N A X M
```

SUGAR	SPINACH
GARLIC	MILK
PEANUT	LEMON
TUNA	BASIL
CAKE	STRAWBERRY
CINNAMON	TURNIP
ONION	SALT
CARROT	SALAD
BARLEY	SOUP
APRICOT	JUICE

88 - Pássaros

```
O S T R I C H P I G E O N Y
F E N F R U E N A M W P Q P
L P R G X C R D R R R S N A
A P Y U I K O U W K R T K T
M C E C Z O N C J A Q O E L
I H M N A O S K Y R K R T X
N I E G G O O S E J Y K Y S
G C P W U U D S P A R R O W
O K E Y T L I C R O W P J A
Z E A E O E L N R K G B B N
C N C A U I E L H C P W P A
X S O G C N P E L I C A N N
C D C L A J R Y Y K H J F Z
V C K E N J Z Q N X B Y H R
```

OSTRICH   HERON
EAGLE   EGG
STORK   PARROT
SWAN   SPARROW
CROW   DUCK
CUCKOO   PEACOCK
FLAMINGO   PELICAN
CHICKEN   PENGUIN
GULL   PIGEON
GOOSE   TOUCAN

89 - Virtudes #1

```
D P A S S I O N A T E P W L
G E N E R O U S B Q R R H A
U C C U R I O U S T E A F U
A R T I S T I C D F F C U V
W H G R S M F G L F F T N N
O I U O B I T D E O I I N C
R Q S Z O O V X H L C C Y H
X N P E N D P E W K I A C A
I M A G I N A T I V E L L R
P O T C O N F I D E N T E M
O D I H T J K D L G T X A I
P E E H E L P F U L H Q N N
K S N C L F H O J V B Y Q G
X T T I N D E P E N D E N T
```

PASSIONATE	GENEROUS
ARTISTIC	IMAGINATIVE
GOOD	INDEPENDENT
CONFIDENT	CLEAN
CURIOUS	MODEST
DECISIVE	PATIENT
EFFICIENT	PRACTICAL
CHARMING	WISE
FUNNY	HELPFUL

90 - Literatura

```
O A N A L Y S I S L Q X M T
A P U E D I A L O G U E V R
J M I T H E M E V W T W Y A
I P W N H A N E C D O T E G
L L O B I O F I C T I O N E
A B M W H O R Q N N M J B D
D N N H H S N R S I E Q I Y
S O A D E S C R I P T I O N
T V R L P T N T J J A H G V
Y E R C O Z R T M R P D R N
L L A F E G S D F H H B A T
E V T H M O Y X I Y O J P Z
Q E O R H Y T H M M R A H H
O J R F X Q E O I E K W Y M
```

ANALOGY	METAPHOR
ANALYSIS	NARRATOR
ANECDOTE	OPINION
AUTHOR	POEM
BIOGRAPHY	RHYME
DESCRIPTION	RHYTHM
DIALOGUE	NOVEL
STYLE	THEME
FICTION	TRAGEDY

91 - Clima

```
L Z D T P G N N X H W T J A
I T R R E I C E O U U R R T
G S Y C O M N D A R F O G M
H K M L W U P T G R T P H O
T Y V O I Z G E W I X I H S
N T W U N B S H R C Y C A P
I A G D D S P A T A H A U H
N A B W C T O P G N T L C E
G I Q X L O L O Q E F U B R
G H D F I R A I N B O W R E
B B Q M M M R G R E V O E E
T O R N A D O P L M G T E R
T R D W T T H U N D E R Z A
O D D C E Y V J A W M L E K
```

RAINBOW	POLAR
ATMOSPHERE	LIGHTNING
BREEZE	DROUGHT
SKY	DRY
CLIMATE	TEMPERATURE
HURRICANE	STORM
ICE	TORNADO
MONSOON	TROPICAL
FOG	THUNDER
CLOUD	WIND

92 - Tecnologia

```
P  C  U  R  S  O  R  I  I  P  O  K  D  K
I  J  A  C  V  O  F  V  I  R  T  U  A  L
J  V  X  M  D  J  P  R  X  B  P  D  T  U
N  I  V  A  E  T  R  W  F  L  N  I  A  E
X  Q  P  T  C  R  S  Z  I  O  C  G  V  D
S  C  R  E  E  N  A  X  L  G  N  I  I  C
S  O  F  T  W  A  R  E  E  N  G  T  R  R
X  M  Q  I  F  M  T  I  I  C  A  U  E
H  P  I  N  T  E  R  N  E  T  J  L  S  S
L  U  V  Y  B  S  E  C  U  R  I  T  Y  E
Y  T  K  R  Y  S  R  O  H  P  M  U  L  A
K  E  T  S  T  A  T  I  S  T  I  C  S  R
L  R  A  L  E  G  K  J  K  L  J  P  H  C
B  R  O  W  S  E  R  H  X  F  D  S  F  H
```

FILE	INTERNET
BLOG	MESSAGE
BYTES	BROWSER
CAMERA	RESEARCH
COMPUTER	SECURITY
CURSOR	SOFTWARE
DATA	SCREEN
DIGITAL	VIRTUAL
STATISTICS	VIRUS
FONT	

93 - Arte

```
E M H Y O C O M P L E X I F
F X J C M O R I G I N A L Y
I W P S L M V I S U A L C K
G J E R S P A E Q O U W E C
U A R S E O P O E T R Y R R
R P S C P S U B J E C T A E
E A O U O I S V G I I C M A
O I N L R T C I M H N C I T
T N A P T I L S O O S C C E
B T L T R O Y I O N P C V O
I I G U A N V M D E I N U U
P N Y R Y M L P I S R C Z Q
M G Q E R F F L V T E M A G
U S Y M B O L E A T D O N E
```

CERAMIC ORIGINAL
COMPLEX PERSONAL
COMPOSITION PAINTINGS
CREATE POETRY
SCULPTURE PORTRAY
EXPRESSION SIMPLE
FIGURE SYMBOL
HONEST SUBJECT
MOOD VISUAL
INSPIRED

94 - Dinossauros

```
D I S A P P E A R A N C E G
O M N I V O R E T P I A C X
T W R C A R N I V O R E U W
A V N O N H S X I V C E U M
I H L A R G E E A R T H Y E
L R A P T O R R E P T I L E
S P E C I E S V B S I S B E
D O B K I I F Z H I Z Y T Z
W I N G S C F O U Z V L O C
P O W E R F U L S E H O B M
E V O L U T I O N S L X R Y
M A M M O T H U B F I V S E
E N O R M O U S N H J L K H
P R E H I S T O R I C K S V
```

WINGS	MAMMOTH
CARNIVORE	OMNIVORE
TAIL	POWERFUL
DISAPPEARANCE	PREY
ENORMOUS	PREHISTORIC
SPECIES	RAPTOR
EVOLUTION	REPTILE
FOSSILS	SIZE
LARGE	EARTH
HERBIVORE	

95 - Esportes

```
R E F E R E E C H B M A E C
C I U G A M E F O I O T X H
Y G Y T Y J U A C C V H V A
N Y A E U M L P K Y E L Z M
N M F A E J N L E C M E T P
V N G M U D B A Y L E T E I
Q A G J F A A Y S E N E N O
I S P K K B S E T T T Z N N
W I N N E R E R A C I F I S
L U A T Z A B G D T O C S H
S M L H E R A O I A D A S I
E C O H C T L L U V K B C P
U A Y D Z M L F M K T R W H
B A S K E T B A L L Q P X Y
```

ATHLETE
REFEREE
BASKETBALL
BASEBALL
BICYCLE
CHAMPIONSHIP
TEAM
STADIUM
WINNER

GYMNASIUM
GYMNASTICS
GOLF
HOCKEY
PLAYER
GAME
MOVEMENT
TENNIS
COACH

96 - Comida # 2

```
T  I  C  C  J  M  B  W  W  G  M  K  F  C
O  S  D  I  Y  L  U  X  P  H  P  G  I  I
H  A  M  Y  J  V  T  S  X  Q  E  R  O  H
E  G  G  P  L  A  N  T  H  B  J  A  Q  B
A  R  T  I  C  H  O  K  E  R  T  P  T  M
Y  O  G  U  R  T  B  C  R  O  O  E  G  G
C  H  E  R  R  Y  A  H  I  C  A  O  Z  R
H  H  C  S  L  Q  N  O  C  C  F  G  M  B
I  A  E  F  L  R  A  C  E  O  S  U  C  U
C  L  H  E  Y  R  N  O  A  L  K  I  W  I
K  M  H  C  S  S  A  L  W  I  F  I  S  H
E  O  S  P  N  E  P  A  T  O  M  A  T  O
N  N  F  L  Z  J  E  T  A  P  P  L  E  I
N  D  S  S  T  S  T  E  Y  Z  U  J  J  N
```

ARTICHOKE	YOGURT
ALMOND	KIWI
RICE	APPLE
BANANA	EGG
EGGPLANT	FISH
BROCCOLI	HAM
CHERRY	CHEESE
CHOCOLATE	TOMATO
MUSHROOM	WHEAT
CHICKEN	GRAPE

97 - Barcos

```
R Q S A I L O R D E V E N M
I T N H K A V L D U O N A V
B Z V G J U D Z O R T G U K
X U K Q A R G L C Y I I T A
V W O D L A K E K W D N I Y
V U F Y L F E R R Y E E C A
R V Y W F T N L M A S T A K
A I C A N O E D P C Q B L Q
B U V V C R E W Q H S E A M
S I V E Z B B S T T J K Z T
U D Z S R Y R Q I T U G E B
X R Q F A U M O C E A N I M
H C L D J W M B P Y O H E K
A N C H O R D U Z E Z V A J
```

ANCHOR
FERRY
BUOY
KAYAK
CANOE
ROPE
DOCK
YACHT
RAFT
LAKE

SEA
TIDE
SAILOR
MAST
ENGINE
NAUTICAL
OCEAN
WAVES
RIVER
CREW

98 - Piratas

```
H  L  R  O  I  D  T  P  I  Z  G  G  A  A
Y  P  U  C  B  E  A  C  H  Q  A  C  D  X
C  S  M  E  H  H  H  K  R  Q  V  W  V  L
K  M  H  A  U  Q  Z  L  V  E  E  M  E  M
U  P  B  N  G  C  R  G  B  G  X  T  N  S
Q  A  N  C  H  O  R  J  W  S  O  F  T  A
J  R  O  F  M  I  L  H  I  W  G  B  U  Q
V  R  I  X  V  N  G  D  T  S  C  A  R  I
C  O  M  P  A  S  S  G  D  W  L  D  E  D
M  T  J  P  V  W  Z  K  B  O  E  A  G  E
C  A  V  E  G  P  Z  X  F  R  G  N  N  B
C  A  P  T  A  I  N  L  V  D  E  G  Q  D
T  R  E  A  S  U  R  E  S  J  N  E  U  Z
C  R  E  W  P  B  H  Z  Z  U  D  R  H  J
```

ADVENTURE	BAD
ANCHOR	COINS
COMPASS	OCEAN
CAPTAIN	GOLD
CAVE	PARROT
SCAR	DANGER
SWORD	BEACH
ISLAND	RUM
LEGEND	TREASURE
MAP	CREW

99 - Mamíferos

```
G X Z Z J Y M G H O Z U C Q
C O Y O T E O K I A B W B G
A W R F O X N A A R D O G T
T S N I Y W K N O O A L H I
T W H A L E E G Q T S F W C
C V T E B L Y A B U L L F Z
G M Y S E E A R A B B I T E
K G I H A P D O L P H I N B
E Z J G V H Y O I E N H F R
T U Z X E A Y H O B F R Q A
U P Z J R N P S N U P Q K F
H O R S E T C A M E L Z J C
R E I U V Q W U G R Z K F H
R U S G S M L O O Z T I M K
```

WHALE	GIRAFFE
CAMEL	DOLPHIN
KANGAROO	GORILLA
BEAVER	LION
HORSE	WOLF
DOG	MONKEY
RABBIT	SHEEP
COYOTE	FOX
ELEPHANT	BULL
CAT	ZEBRA

100 - Atividades e Lazer

```
R  B  A  S  K  E  T  B  A  L  L  E  H  S
G  A  S  O  C  C  E  R  R  G  T  G  O  K
A  O  C  B  J  I  L  Z  T  H  S  O  B  E
R  T  Q  I  T  E  N  N  I  S  W  L  B  R
D  I  V  I  N  G  A  J  M  J  I  F  I  C
E  N  S  C  T  G  E  Y  A  M  Y  E  A  N
N  F  N  R  Y  B  J  M  M  Y  M  L  S  M
I  I  B  A  S  E  B  A  L  L  I  H  U  P
N  S  P  O  P  A  I  N  T  I  N  G  R  I
G  H  U  O  X  O  U  M  R  G  G  G  F  N
L  I  H  I  K  I  N  G  A  C  C  V  I  G
O  N  T  E  K  H  N  A  V  I  S  Z  N  O
F  G  X  F  S  N  M  G  E  E  V  T  G  P
R  E  L  A  X  I  N  G  L  D  B  Z  O  T
```

CAMPING   GARDENING
ART   DIVING
BASKETBALL   SWIMMING
BASEBALL   FISHING
BOXING   PAINTING
HIKING   RELAXING
RACING   SURFING
SOCCER   TENNIS
GOLF   TRAVEL
HOBBIES

1 - Dirigindo

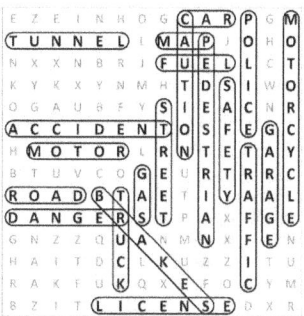

2 - Atividades

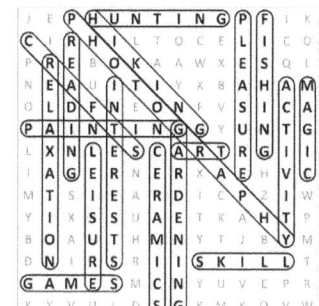

3 - Churrascos

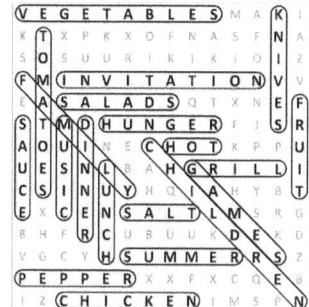

4 - Pesca

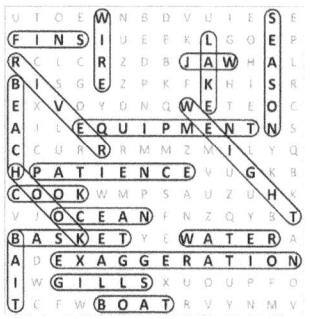

5 - Geologia

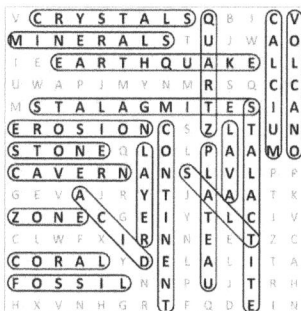

6 - Móveis

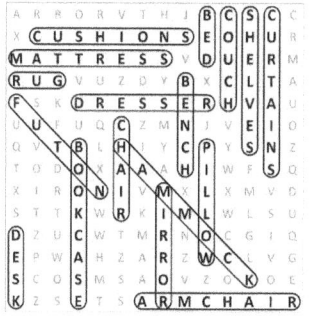

7 - Tempo

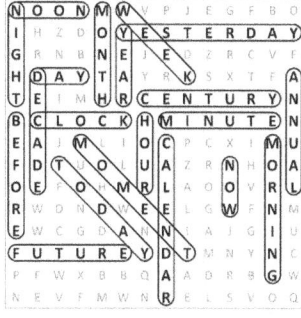

8 - Astronomia

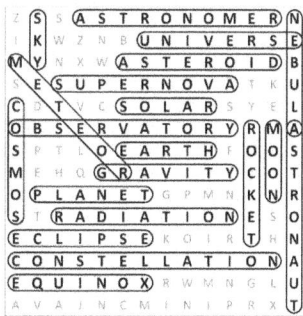

9 - Circo

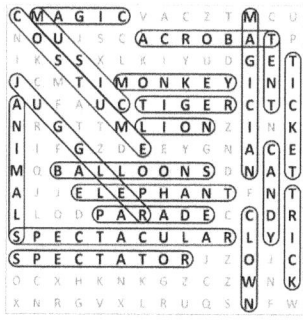

10 - Acampamento

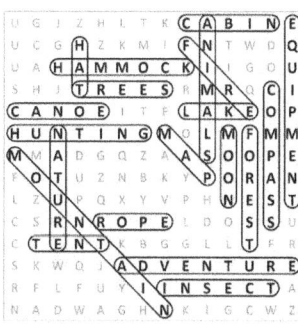

11 - Emoções

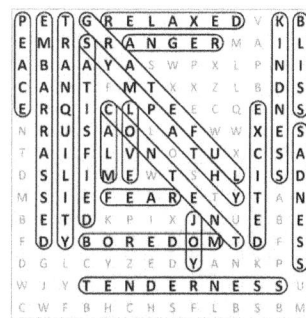

12 - Ficção Científica

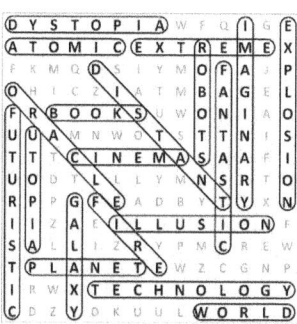

13 - Mitologia

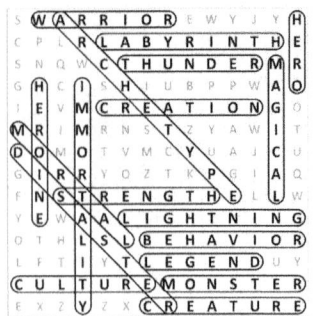

14 - Medições

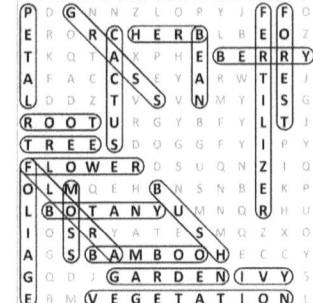

15 - Plantas

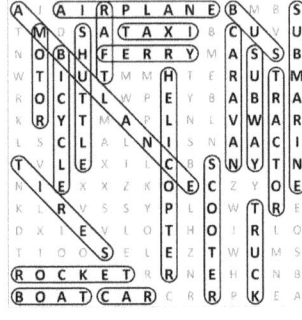

16 - Veículos

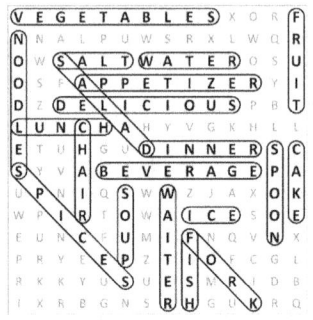

17 - Restaurante # 2

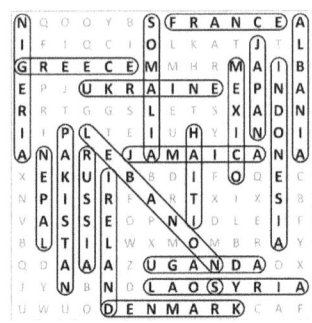

18 - Países #2

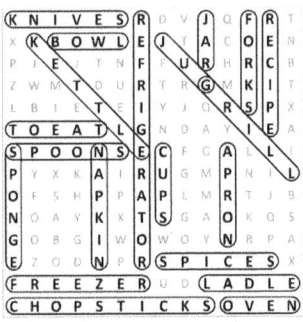

19 - Cozinha

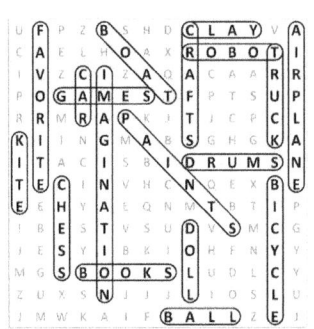

20 - Brinquedos

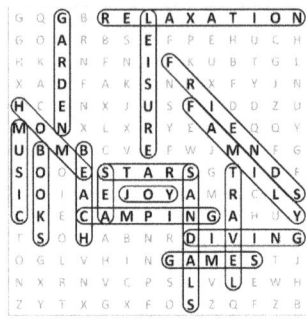

21 - Verão

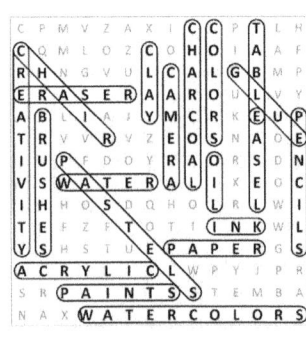

22 - Material de Arte

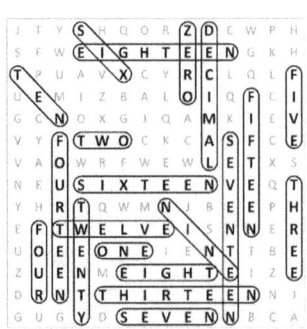

23 - Números

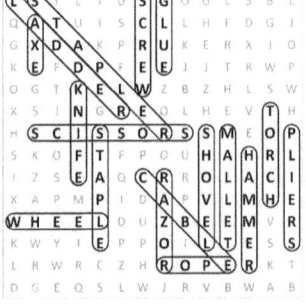

24 - Ferramentas

25 - Especiarias

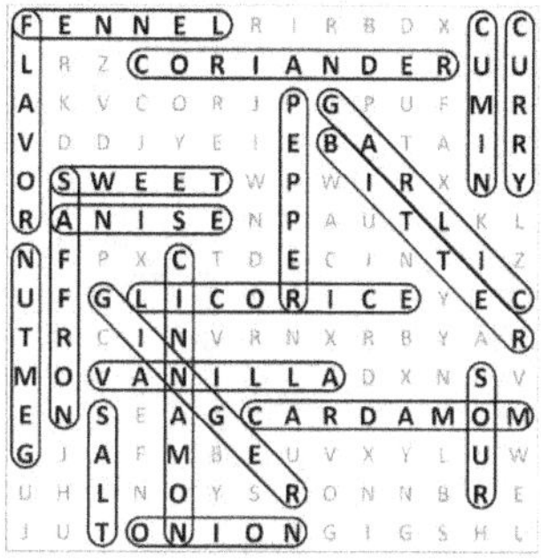

FENNEL · CORIANDER · CUMIN · CURRY · SWEET · ANISE · LICORICE · VANILLA · CARDAMOM · SALT · ONION

26 - Aniversário

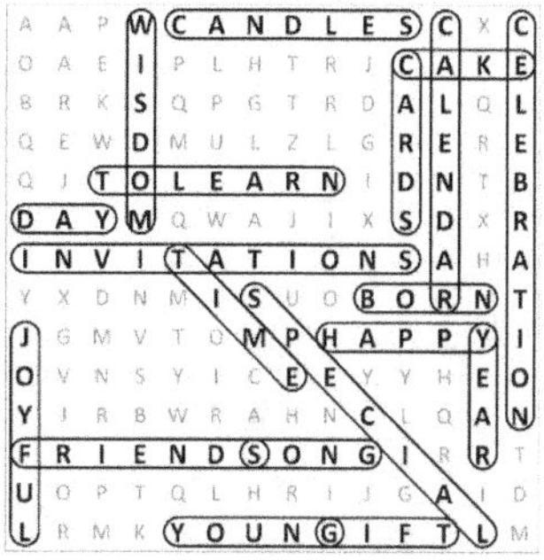

CANDLES · CAKE · WISH · TO LEARN · DAY · INVITATIONS · BORN · HAPPY · JOY · SONG · FRIEND · YOUNG · GIFT

27 - Casa

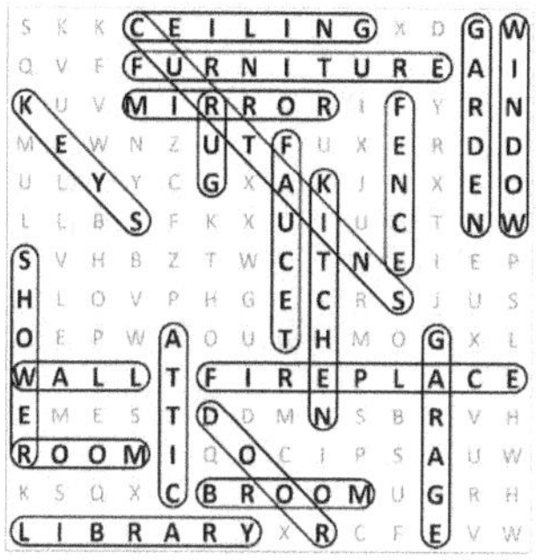

CEILING · FURNITURE · MIRROR · FENCE · GARDEN · WINDOW · WALL · FIREPLACE · ROOM · BROOM · LIBRARY

28 - Vegetais

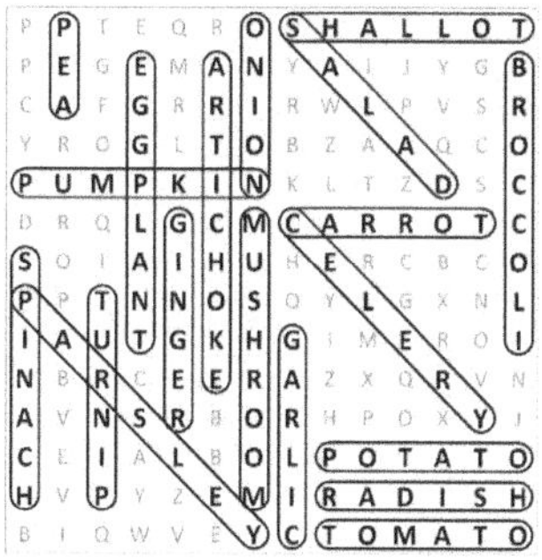

SHALLOT · PUMPKIN · CARROT · MUSHROOM · POTATO · RADISH · TOMATO

29 - Exploração

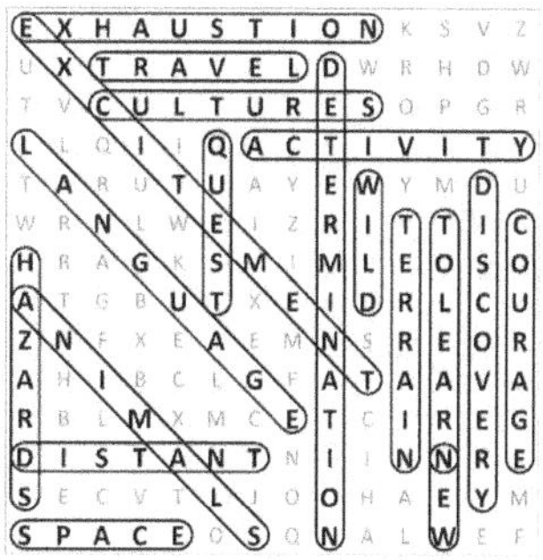

EXHAUSTION · TRAVEL · CULTURES · ACTIVITY · DISTANT · SPACE

30 - Balé

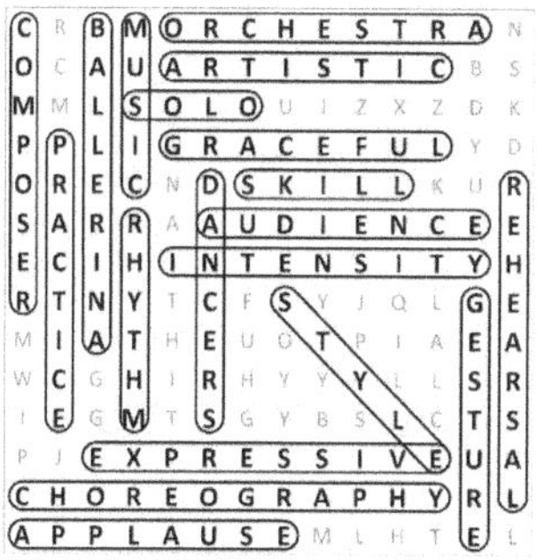

ORCHESTRA · ARTISTIC · SOLO · GRACEFUL · SKILL · AUDIENCE · INTENSITY · EXPRESSIVE · CHOREOGRAPHY · APPLAUSE

31 - Conservação

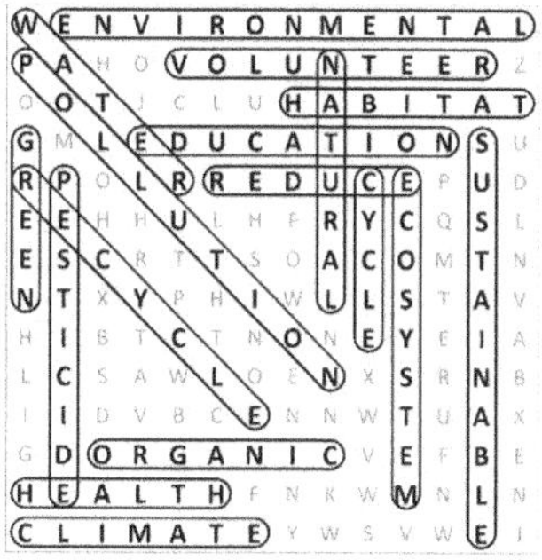

ENVIRONMENTAL · VOLUNTEER · HABITAT · EDUCATION · REDUCE · SUSTAINABLE · ORGANIC · HEALTH · CLIMATE

32 - Adjetivos #1

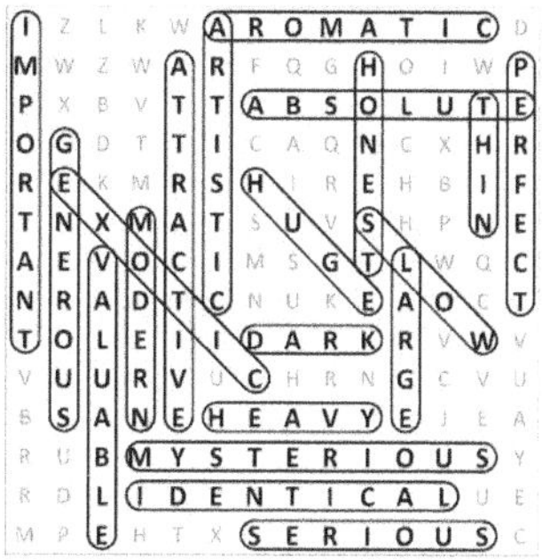

AROMATIC · ABSOLUTE · DARK · HEAVY · MYSTERIOUS · IDENTICAL · SERIOUS

33 - Insetos

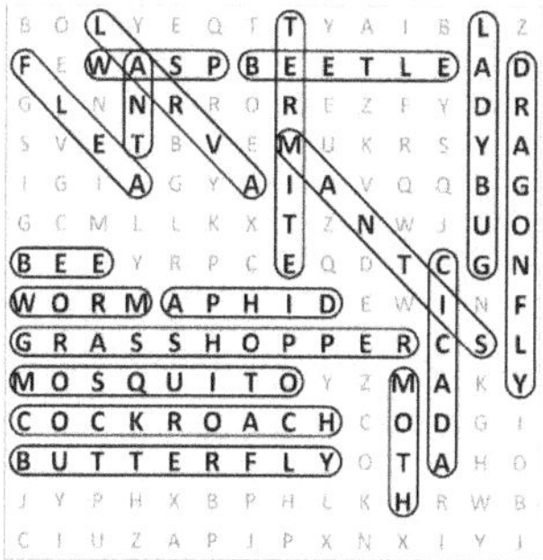

WASP · BEETLE · LADYBUG · DRAGONFLY · BEE · WORM · APHID · GRASSHOPPER · MOSQUITO · MOTH · COCKROACH · BUTTERFLY

34 - Paisagens

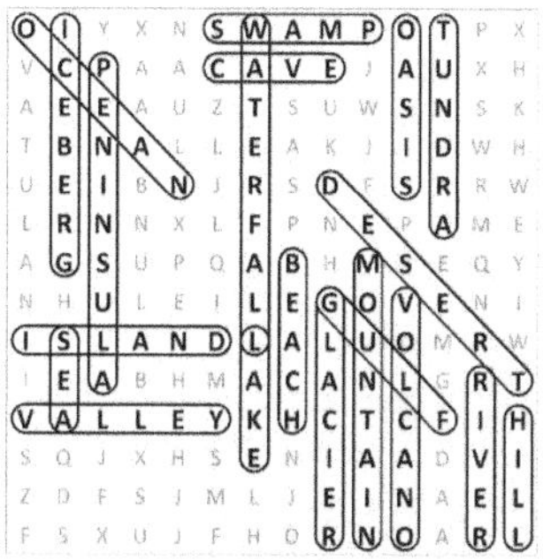

SWAMP · CAVE · ISLAND · VALLEY

35 - Dança

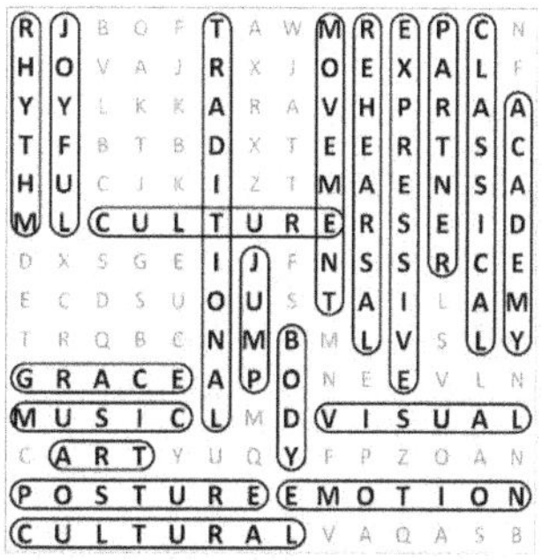

RHYTHM · CULTURE · GRACE · MUSIC · ART · POSTURE · EMOTION · CULTURAL · VISUAL

36 - Nutrição

LIQUIDS · QUALITY · WEIGHT · NUTRIENT · DIGESTION · HEALTHY · CALORIES · CARBOHYDRATES · APPETITE · HEALTH · FERMENTATION

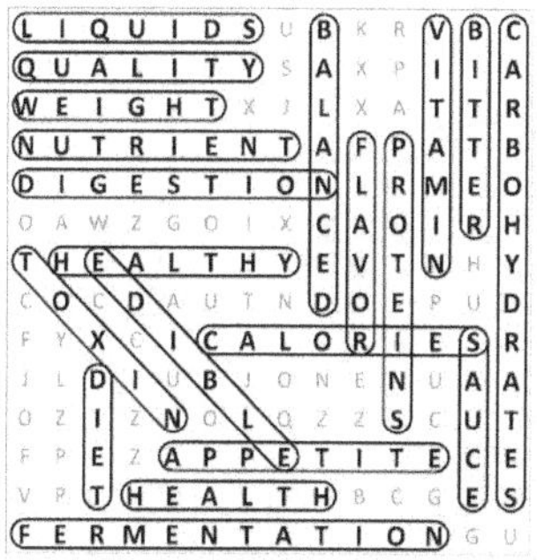

37 - Disciplinas Científicas

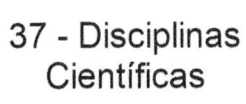

38 - Meditação

39 - Artes Visuais

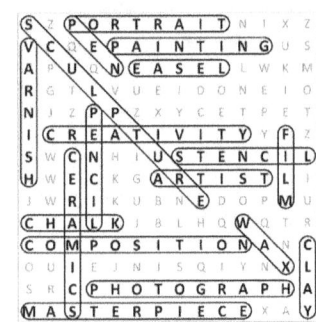
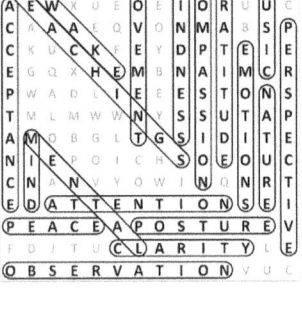

40 - Instrumentos Musicais

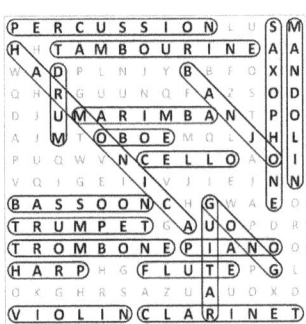

41 - Escola #1

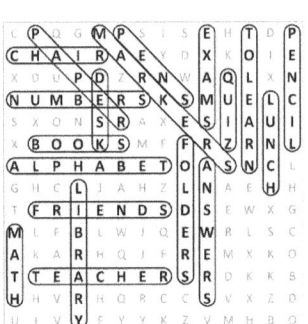

42 - Adjetivos #2

43 - Roupas

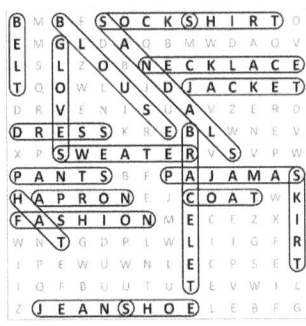

44 - Herbalismo

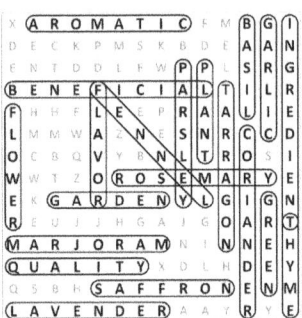

45 - Frutas

46 - Corpo Humano

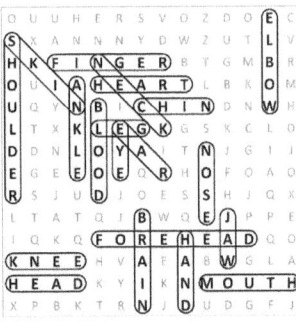

47 - Restaurante #1

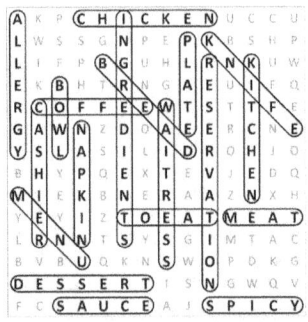

48 - Caminhada

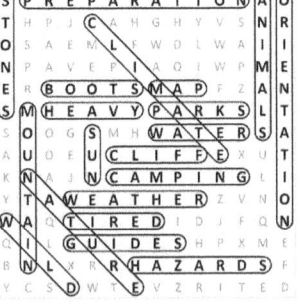

49 - Água

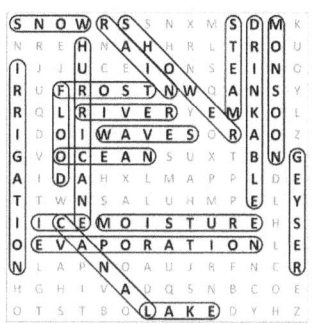

50 - Sons

51 - Ecologia

52 - Família

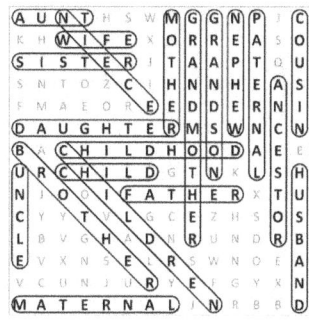

53 - Férias #2

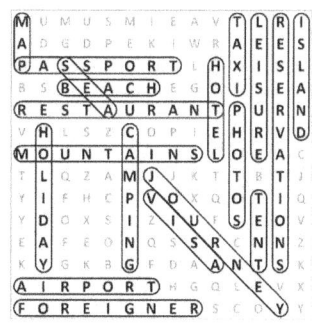

54 - Edifícios

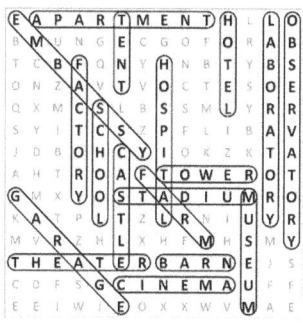

55 - Praia

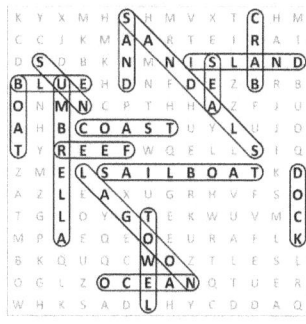

56 - Ferramentas de Cozinha

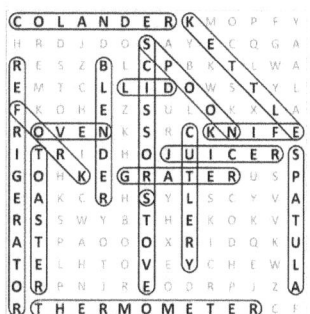

57 - Xadrez

58 - Aventura

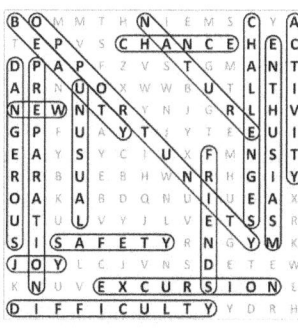

59 - Floresta Tropical

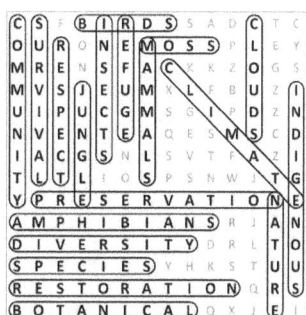

60 - Cidade

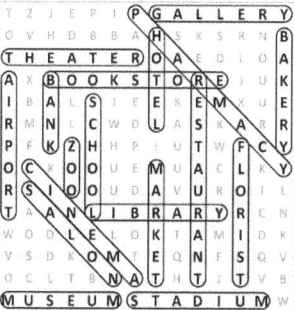

61 - Matemática

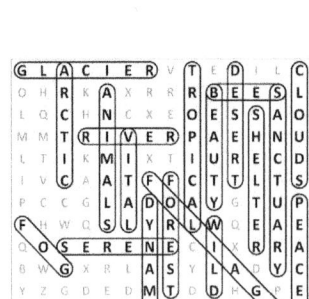

62 - Natureza

63 - Preencher

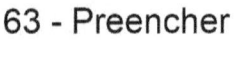
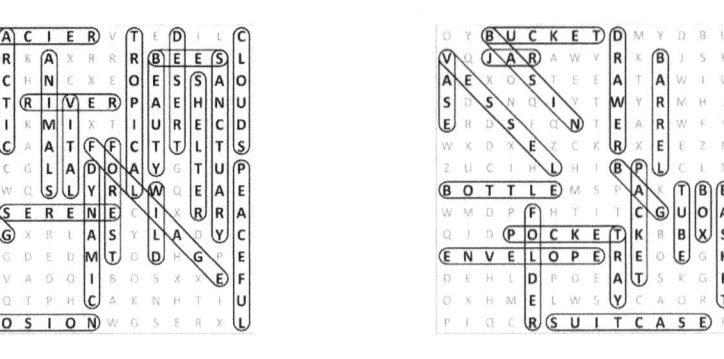

64 - Animais de Estimação

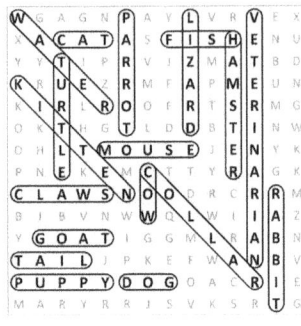

65 - Escalada

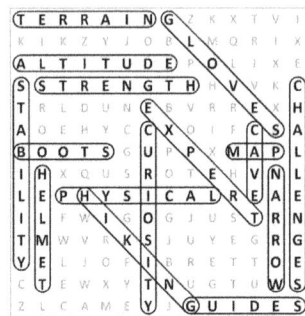

66 - Aviões

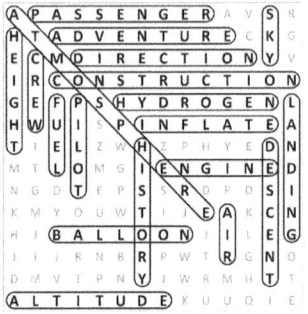

67 - Tipos de Cabelo

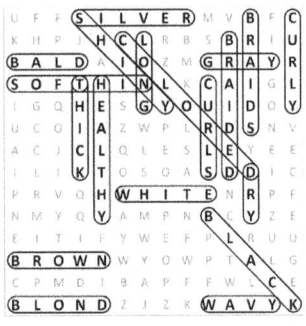

68 - Formas

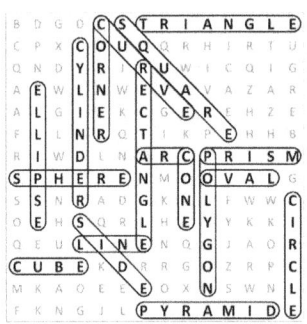

69 - Dias e Meses

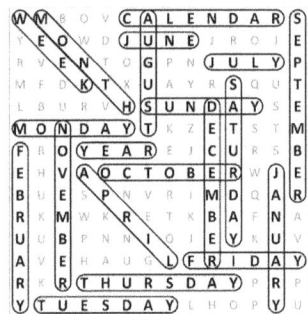

70 - Geografia

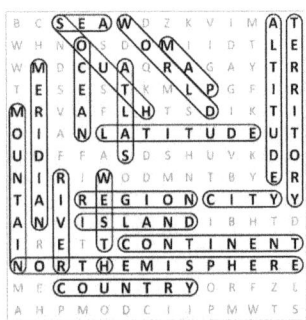

71 - Antártica

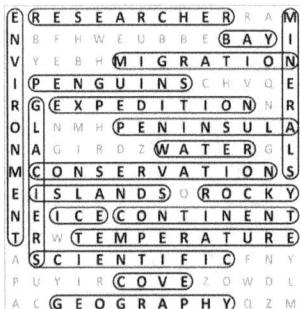

72 - Flores

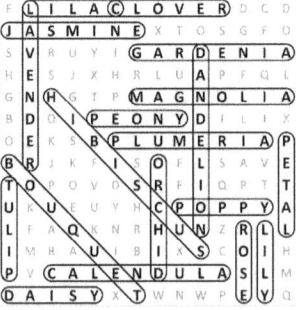

73 - Fazenda #1

74 - Livros

75 - Chocolate

76 - Profissões #2

77 - Fazenda #2

78 - Jardim

79 - Oceano

80 - Profissões #1

81 - Castelos

82 - Escola # 2

83 - Abelhas

84 - Banheiro

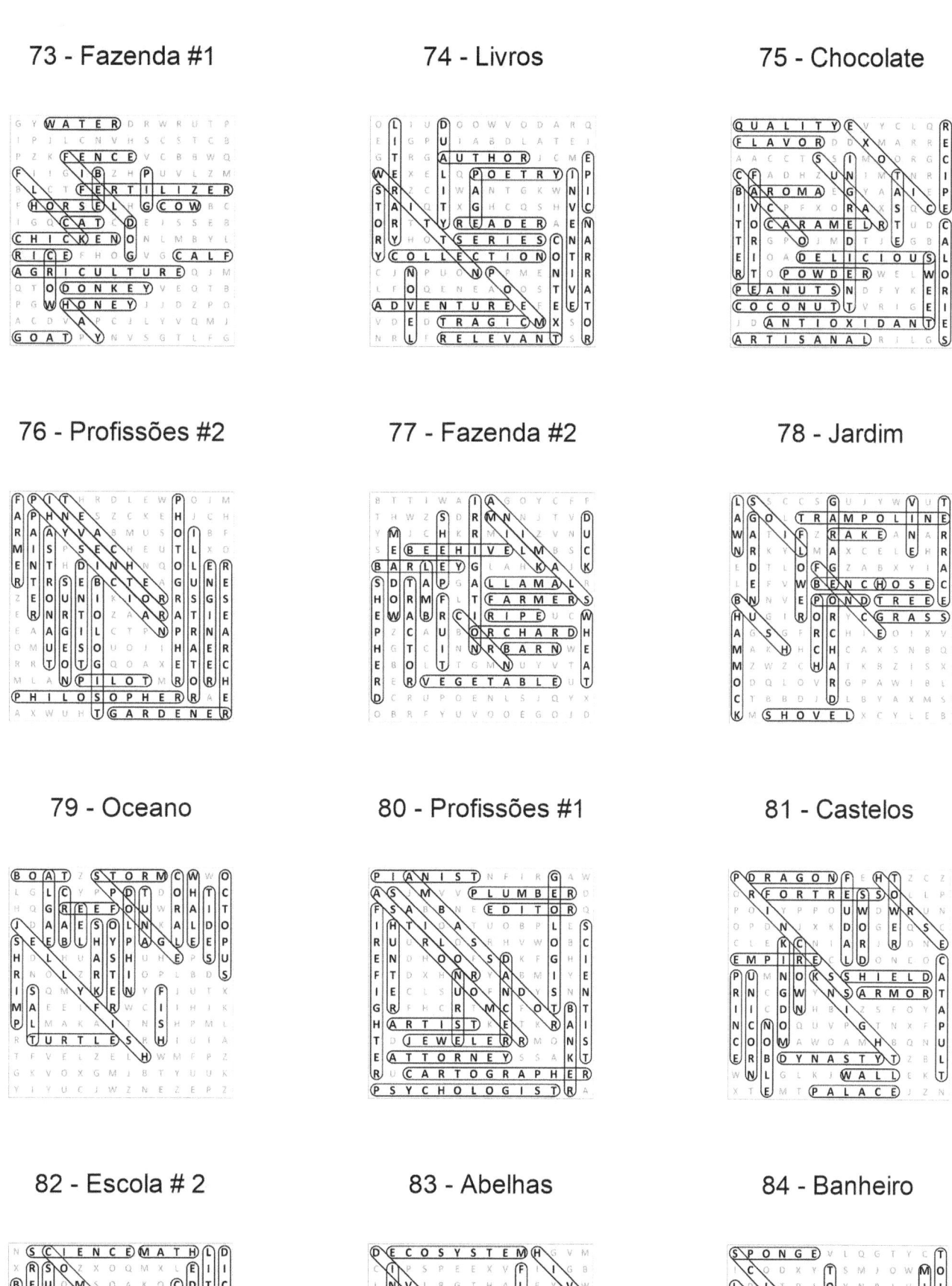

85 - Ciência

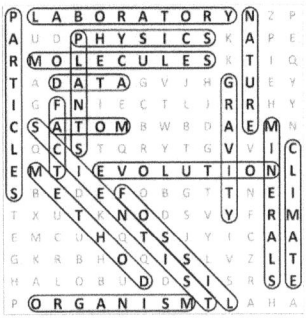

86 - Cores

87 - Comida #1

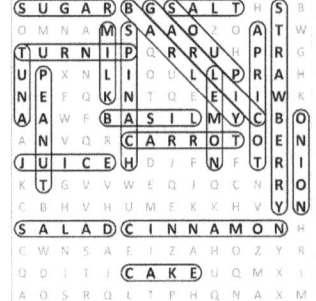

88 - Pássaros

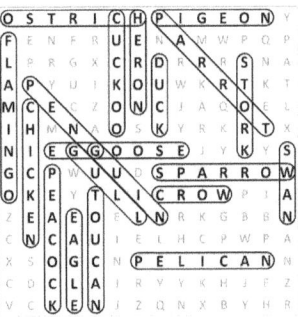

89 - Virtudes #1

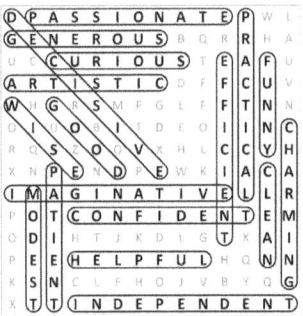

90 - Literatura

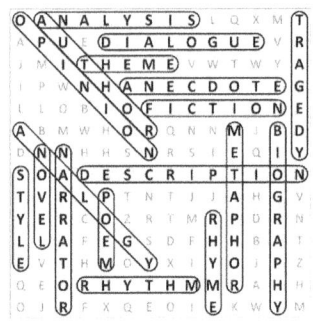

91 - Clima

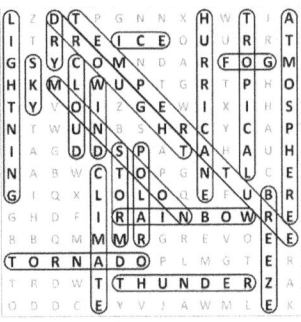

92 - Tecnologia

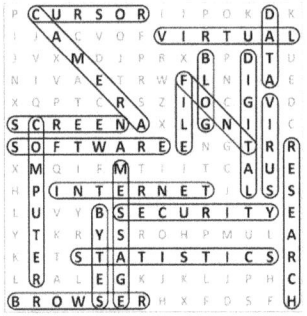

93 - Arte

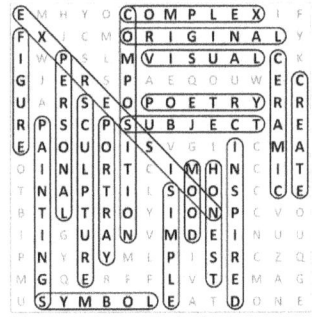

94 - Dinossauros

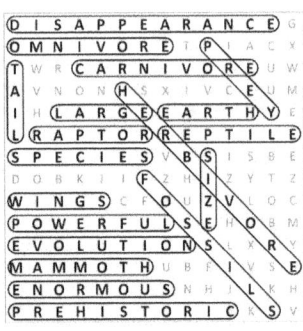

95 - Esportes

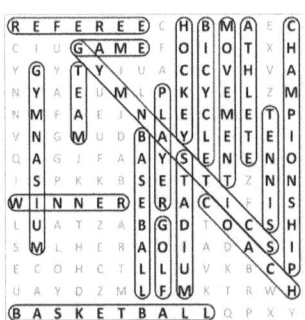

96 - Comida # 2

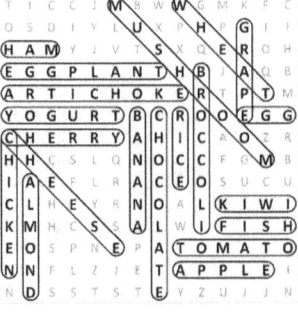

97 - Barcos

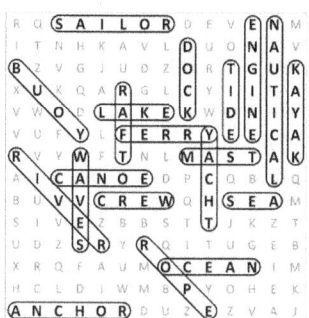

98 - Piratas

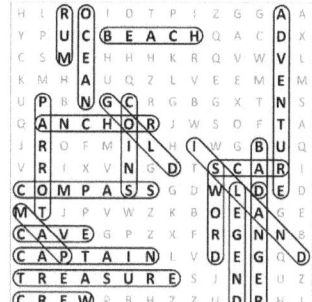

99 - Mamíferos

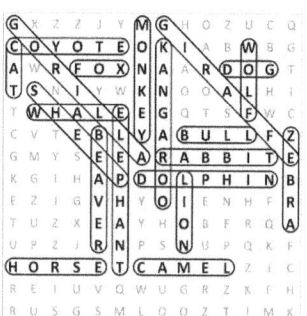

100 - Atividades e Lazer

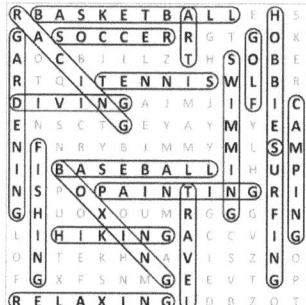

Dicionário

Abelhas
Bees

Asas	Wings
Benéfico	Beneficial
Cera	Wax
Colmeia	Hive
Diversidade	Diversity
Ecossistema	Ecosystem
Enxame	Swarm
Flor	Blossom
Flores	Flowers
Fruta	Fruit
Fumaça	Smoke
Habitat	Habitat
Inseto	Insect
Jardim	Garden
Mel	Honey
Plantas	Plants
Pólen	Pollen
Rainha	Queen
Sol	Sun

Acampamento
Camping

Animais	Animals
Aventura	Adventure
Árvores	Trees
Bússola	Compass
Cabine	Cabin
Caça	Hunting
Canoa	Canoe
Chapéu	Hat
Corda	Rope
Equipamento	Equipment
Floresta	Forest
Fogo	Fire
Inseto	Insect
Lago	Lake
Lua	Moon
Maca	Hammock
Mapa	Map
Montanha	Mountain
Natureza	Nature
Tenda	Tent

Adjetivos #1
Adjectives #1

Absoluto	Absolute
Aromático	Aromatic
Artístico	Artistic
Atraente	Attractive
Enorme	Huge
Escuro	Dark
Exótico	Exotic
Fino	Thin
Generoso	Generous
Grande	Large
Honesto	Honest
Idêntico	Identical
Importante	Important
Lento	Slow
Misterioso	Mysterious
Moderno	Modern
Perfeito	Perfect
Pesado	Heavy
Sério	Serious
Valioso	Valuable

Adjetivos #2
Adjectives #2

Autêntico	Authentic
Criativo	Creative
Descritivo	Descriptive
Dotado	Gifted
Elegante	Elegant
Famoso	Famous
Forte	Strong
Interessante	Interesting
Natural	Natural
Normal	Normal
Novo	New
Orgulhoso	Proud
Produtivo	Productive
Puro	Pure
Quente	Hot
Responsável	Responsible
Salgado	Salty
Saudável	Healthy
Seco	Dry
Selvagem	Wild

Animais de Estimação
Pets

Água	Water
Cabra	Goat
Cachorro	Puppy
Cauda	Tail
Cão	Dog
Coelho	Rabbit
Colarinho	Collar
Garras	Claws
Gatinho	Kitten
Gato	Cat
Hamster	Hamster
Lagarto	Lizard
Mouse	Mouse
Papagaio	Parrot
Peixe	Fish
Tartaruga	Turtle
Vaca	Cow
Veterinário	Veterinarian

Aniversário
Birthday

Alegre	Joyful
Amigos	Friends
Ano	Year
Aprender	To Learn
Bolo	Cake
Calendário	Calendar
Canção	Song
Cartões	Cards
Celebração	Celebration
Convites	Invitations
Dia	Day
Dom	Gift
Especial	Special
Feliz	Happy
Jovem	Young
Nascer	Born
Sabedoria	Wisdom
Tempo	Time
Velas	Candles

Antártica
Antarctica

Ambiente	Environment
Água	Water
Baía	Bay
Científico	Scientific
Conservação	Conservation
Continente	Continent
Enseada	Cove
Expedição	Expedition
Geleiras	Glaciers
Gelo	Ice
Geografia	Geography
Ilhas	Islands
Investigador	Researcher
Migração	Migration
Minerais	Minerals
Península	Peninsula
Pinguins	Penguins
Rochoso	Rocky
Temperatura	Temperature
Topografia	Topography

Arte
Art

Cerâmica	Ceramic
Complexo	Complex
Composição	Composition
Criar	Create
Escultura	Sculpture
Expressão	Expression
Figura	Figure
Honesto	Honest
Humor	Mood
Inspirado	Inspired
Original	Original
Pessoal	Personal
Pinturas	Paintings
Poesia	Poetry
Retratar	Portray
Simples	Simple
Símbolo	Symbol
Sujeito	Subject
Surrealismo	Surrealism
Visual	Visual

Artes Visuais
Visual Arts

Argila	Clay
Arquitetura	Architecture
Artista	Artist
Caneta	Pen
Cavalete	Easel
Cera	Wax
Cerâmica	Ceramics
Composição	Composition
Criatividade	Creativity
Escultura	Sculpture
Estêncil	Stencil
Filme	Film
Fotografia	Photograph
Giz	Chalk
Lápis	Pencil
Obra-Prima	Masterpiece
Perspectiva	Perspective
Pintura	Painting
Retrato	Portrait
Verniz	Varnish

Astronomia
Astronomy

Asteróide	Asteroid
Astronauta	Astronaut
Astrônomo	Astronomer
Céu	Sky
Constelação	Constellation
Cosmos	Cosmos
Eclipse	Eclipse
Equinócio	Equinox
Foguete	Rocket
Gravidade	Gravity
Lua	Moon
Meteoro	Meteor
Nebulosa	Nebula
Observatório	Observatory
Planeta	Planet
Radiação	Radiation
Solar	Solar
Supernova	Supernova
Terra	Earth
Universo	Universe

Atividades
Activities

Arte	Art
Artesanato	Crafts
Atividade	Activity
Caca	Hunting
Caminhada	Hiking
Cerâmica	Ceramics
Fotografia	Photography
Habilidade	Skill
Interesses	Interests
Jardinagem	Gardening
Jogos	Games
Lazer	Leisure
Lendo	Reading
Magia	Magic
Pesca	Fishing
Pintura	Painting
Prazer	Pleasure
Relaxamento	Relaxation

Atividades e Lazer
Activities and Leisure

Acampamento	Camping
Arte	Art
Basquete	Basketball
Beisebol	Baseball
Boxe	Boxing
Caminhada	Hiking
Corrida	Racing
Futebol	Soccer
Golfe	Golf
Hobbies	Hobbies
Jardinagem	Gardening
Mergulho	Diving
Natação	Swimming
Pesca	Fishing
Pintura	Painting
Relaxante	Relaxing
Surfe	Surfing
Tênis	Tennis
Viagem	Travel
Voleibol	Volleyball

Aventura
Adventure

Alegria	Joy
Amigos	Friends
Atividade	Activity
Beleza	Beauty
Chance	Chance
Desafios	Challenges
Destino	Destination
Dificuldade	Difficulty
Entusiasmo	Enthusiasm
Excursão	Excursion
Incomum	Unusual
Itinerário	Itinerary
Natureza	Nature
Navegação	Navigation
Novo	New
Oportunidade	Opportunity
Perigoso	Dangerous
Preparação	Preparation
Segurança	Safety
Surpreendente	Surprising

Aviões
Airplanes

Altitude	Altitude
Altura	Height
Ar	Air
Aterrissagem	Landing
Atmosfera	Atmosphere
Aventura	Adventure
Balão	Balloon
Céu	Sky
Combustível	Fuel
Construção	Construction
Descida	Descent
Direção	Direction
Hidrogênio	Hydrogen
História	History
Inflar	Inflate
Motor	Engine
Passageiro	Passenger
Piloto	Pilot
Tripulação	Crew
Turbulência	Turbulence

Água
Water

Canal	Canal
Chuva	Rain
Chuveiro	Shower
Evaporação	Evaporation
Furacão	Hurricane
Geada	Frost
Gelo	Ice
Geyser	Geyser
Inundação	Flood
Irrigação	Irrigation
Lago	Lake
Monção	Monsoon
Neve	Snow
Oceano	Ocean
Ondas	Waves
Potável	Drinkable
Rio	River
Umidade	Moisture
Vapor	Steam

Balé
Ballet

Aplauso	Applause
Artístico	Artistic
Bailarina	Ballerina
Compositor	Composer
Coreografia	Choreography
Dançarinos	Dancers
Ensaio	Rehearsal
Estilo	Style
Expressivo	Expressive
Gesto	Gesture
Gracioso	Graceful
Habilidade	Skill
Intensidade	Intensity
Música	Music
Orquestra	Orchestra
Prática	Practice
Público	Audience
Ritmo	Rhythm
Solo	Solo
Técnica	Technique

Banheiro
Bathroom

Água	Water
Banheiro	Toilet
Banho	Bath
Bolhas	Bubbles
Chuveiro	Shower
Espelho	Mirror
Esponja	Sponge
Loção	Lotion
Perfume	Perfume
Sabão	Soap
Tapete	Rug
Tesoura	Scissors
Toalha	Towel
Torneira	Faucet
Vapor	Steam
Xampu	Shampoo

Barcos
Boats

Âncora	Anchor
Balsa	Ferry
Bóia	Buoy
Caiaque	Kayak
Canoa	Canoe
Corda	Rope
Doca	Dock
Iate	Yacht
Jangada	Raft
Lago	Lake
Mar	Sea
Maré	Tide
Marinheiro	Sailor
Mastro	Mast
Motor	Engine
Náutico	Nautical
Oceano	Ocean
Ondas	Waves
Rio	River
Tripulação	Crew

Brinquedos
Toys

Argila	Clay
Artesanato	Crafts
Avião	Airplane
Barco	Boat
Bateria	Drums
Bicicleta	Bicycle
Bola	Ball
Boneca	Doll
Caminhão	Truck
Carro	Car
Favorito	Favorite
Imaginação	Imagination
Jogos	Games
Livros	Books
Pipa	Kite
Robô	Robot
Tintas	Paints
Xadrez	Chess

Caminhada
Hiking

Acampamento	Camping
Animais	Animals
Água	Water
Botas	Boots
Cansado	Tired
Clima	Climate
Guias	Guides
Mapa	Map
Montanha	Mountain
Natureza	Nature
Orientação	Orientation
Parques	Parks
Pedras	Stones
Penhasco	Cliff
Perigos	Hazards
Pesado	Heavy
Preparação	Preparation
Selvagem	Wild
Sol	Sun
Tempo	Weather

Casa
House

Biblioteca	Library
Cerca	Fence
Chaves	Keys
Chuveiro	Shower
Cortinas	Curtains
Cozinha	Kitchen
Espelho	Mirror
Garagem	Garage
Janela	Window
Jardim	Garden
Lareira	Fireplace
Mobiliário	Furniture
Parede	Wall
Porta	Door
Quarto	Room
Sótão	Attic
Tapete	Rug
Teto	Ceiling
Torneira	Faucet
Vassoura	Broom

Castelos
Castles

Armadura	Armor
Catapulta	Catapult
Cavaleiro	Knight
Cavalo	Horse
Coroa	Crown
Dinastia	Dynasty
Dragão	Dragon
Escudo	Shield
Espada	Sword
Feudal	Feudal
Fortaleza	Fortress
Império	Empire
Nobre	Noble
Palácio	Palace
Parede	Wall
Princesa	Princess
Príncipe	Prince
Reino	Kingdom
Torre	Tower
Unicórnio	Unicorn

Chocolate
Chocolate

Açúcar	Sugar
Amargo	Bitter
Amendoins	Peanuts
Antioxidante	Antioxidant
Aroma	Aroma
Artesanal	Artisanal
Cacau	Cacao
Calorias	Calories
Caramelo	Caramel
Coco	Coconut
Delicioso	Delicious
Doce	Sweet
Exótico	Exotic
Favorito	Favorite
Gosto	Taste
Ingrediente	Ingredient
Pó	Powder
Qualidade	Quality
Receita	Recipe
Sabor	Flavor

Churrascos
Barbecues

Almoço	Lunch
Convite	Invitation
Crianças	Children
Facas	Knives
Família	Family
Fome	Hunger
Frango	Chicken
Fruta	Fruit
Grelha	Grill
Jantar	Dinner
Jogos	Games
Legumes	Vegetables
Molho	Sauce
Música	Music
Pimenta	Pepper
Quente	Hot
Sal	Salt
Saladas	Salads
Tomates	Tomatoes
Verão	Summer

Cidade
Town

Aeroporto	Airport
Banco	Bank
Biblioteca	Library
Cinema	Cinema
Escola	School
Estádio	Stadium
Farmácia	Pharmacy
Florista	Florist
Galeria	Gallery
Hotel	Hotel
Jardim Zoológico	Zoo
Livraria	Bookstore
Mercado	Market
Museu	Museum
Padaria	Bakery
Restaurante	Restaurant
Salão	Salon
Supermercado	Supermarket
Teatro	Theater
Universidade	University

Ciência
Science

Átomo	Atom
Cientista	Scientist
Clima	Climate
Dados	Data
Evolução	Evolution
Fato	Fact
Física	Physics
Fóssil	Fossil
Gravidade	Gravity
Hipótese	Hypothesis
Laboratório	Laboratory
Método	Method
Minerais	Minerals
Moléculas	Molecules
Natureza	Nature
Observação	Observation
Organismo	Organism
Partículas	Particles
Plantas	Plants
Químico	Chemical

Circo
Circus

Acrobata	Acrobat
Animais	Animals
Balões	Balloons
Bilhete	Ticket
Desfile	Parade
Doce	Candy
Elefante	Elephant
Espectador	Spectator
Espetacular	Spectacular
Leão	Lion
Macaco	Monkey
Magia	Magic
Malabarista	Juggler
Mágico	Magician
Música	Music
Palhaço	Clown
Tenda	Tent
Tigre	Tiger
Traje	Costume
Truque	Trick

Clima
Weather

Arco-Íris	Rainbow
Atmosfera	Atmosphere
Brisa	Breeze
Céu	Sky
Clima	Climate
Furacão	Hurricane
Gelo	Ice
Monção	Monsoon
Nevoeiro	Fog
Nuvem	Cloud
Polar	Polar
Relâmpago	Lightning
Seca	Drought
Seco	Dry
Temperatura	Temperature
Tempestade	Storm
Tornado	Tornado
Tropical	Tropical
Trovão	Thunder
Vento	Wind

Comida # 2
Food #2

Alcachofra	Artichoke
Amêndoa	Almond
Arroz	Rice
Banana	Banana
Beringela	Eggplant
Brócolis	Broccoli
Cereja	Cherry
Chocolate	Chocolate
Cogumelo	Mushroom
Frango	Chicken
Iogurte	Yogurt
Kiwi	Kiwi
Maçã	Apple
Ovo	Egg
Peixe	Fish
Presunto	Ham
Queijo	Cheese
Tomate	Tomato
Trigo	Wheat
Uva	Grape

Comida #1
Food #1

Açúcar	Sugar
Alho	Garlic
Amendoim	Peanut
Atum	Tuna
Bolo	Cake
Canela	Cinnamon
Cebola	Onion
Cenoura	Carrot
Cevada	Barley
Damasco	Apricot
Espinafre	Spinach
Leite	Milk
Limão	Lemon
Manjericão	Basil
Morango	Strawberry
Nabo	Turnip
Sal	Salt
Salada	Salad
Sopa	Soup
Suco	Juice

Conservação
Conservation

Ambiental	Environmental
Água	Water
Ciclo	Cycle
Clima	Climate
Ecossistema	Ecosystem
Educação	Education
Habitat	Habitat
Natural	Natural
Orgânico	Organic
Pesticida	Pesticide
Poluição	Pollution
Reciclar	Recycle
Reduzir	Reduce
Saúde	Health
Sustentável	Sustainable
Verde	Green
Voluntário	Volunteer

Cores
Colors

Amarelo	Yellow
Azul	Blue
Bege	Beige
Branco	White
Carmesim	Crimson
Ciano	Cyan
Cinza	Grey
Fuchsia	Fuchsia
Laranja	Orange
Magenta	Magenta
Marrom	Brown
Preto	Black
Rosa	Pink
Roxo	Purple
Sépia	Sepia
Verde	Green
Vermelho	Red
Violeta	Violet

Corpo Humano
Human Body

Boca	Mouth
Cabeça	Head
Cérebro	Brain
Coração	Heart
Cotovelo	Elbow
Dedo	Finger
Joelho	Knee
Mandíbula	Jaw
Mão	Hand
Nariz	Nose
Olho	Eye
Ombro	Shoulder
Orelha	Ear
Pele	Skin
Perna	Leg
Pescoço	Neck
Queixo	Chin
Sangue	Blood
Testa	Forehead
Tornozelo	Ankle

Cozinha
Kitchen

Avental	Apron
Chaleira	Kettle
Colheres	Spoons
Comer	To Eat
Concha	Ladle
Cups	Cups
Especiarias	Spices
Esponja	Sponge
Facas	Knives
Forno	Oven
Freezer	Freezer
Garfos	Forks
Geladeira	Refrigerator
Grelha	Grill
Guardanapo	Napkin
Jar	Jar
Jarro	Jug
Pauzinhos	Chopsticks
Receita	Recipe
Tigela	Bowl

Dança
Dance

Academia	Academy
Alegre	Joyful
Arte	Art
Clássico	Classical
Coreografia	Choreography
Corpo	Body
Cultura	Culture
Cultural	Cultural
Emoção	Emotion
Ensaio	Rehearsal
Expressivo	Expressive
Graça	Grace
Movimento	Movement
Música	Music
Parceiro	Partner
Postura	Posture
Ritmo	Rhythm
Saltar	Jump
Tradicional	Traditional
Visual	Visual

Dias e Meses
Days and Months

Abril	April
Agosto	August
Ano	Year
Calendário	Calendar
Dezembro	December
Domingo	Sunday
Fevereiro	February
Janeiro	January
Julho	July
Junho	June
Mês	Month
Novembro	November
Outubro	October
Quinta-Feira	Thursday
Sábado	Saturday
Segunda-Feira	Monday
Semana	Week
Setembro	September
Sexta-Feira	Friday
Terça	Tuesday

Dinossauros
Dinosaurs

Asas	Wings
Carnívoro	Carnivore
Cauda	Tail
Desaparecimento	Disappearance
Enorme	Enormous
Espécies	Species
Evolução	Evolution
Fósseis	Fossils
Grande	Large
Herbívoro	Herbivore
Mamute	Mammoth
Onívoro	Omnivore
Poderoso	Powerful
Presa	Prey
Pré-Histórico	Prehistoric
Raptor	Raptor
Réptil	Reptile
Tamanho	Size
Terra	Earth
Vicioso	Vicious

Dirigindo
Driving

Acidente	Accident
Caminhão	Truck
Carro	Car
Combustível	Fuel
Cuidado	Caution
Estrada	Road
Freios	Brakes
Garagem	Garage
Gás	Gas
Licença	License
Mapa	Map
Motocicleta	Motorcycle
Motor	Motor
Pedestre	Pedestrian
Perigo	Danger
Polícia	Police
Rua	Street
Segurança	Safety
Tráfego	Traffic
Túnel	Tunnel

Disciplinas Científicas
Scientific Disciplines

Anatomia	Anatomy
Arqueologia	Archaeology
Astronomia	Astronomy
Biologia	Biology
Bioquímica	Biochemistry
Botânica	Botany
Cinesiologia	Kinesiology
Ecologia	Ecology
Fisiologia	Physiology
Geologia	Geology
Imunologia	Immunology
Linguística	Linguistics
Mecânica	Mechanics
Meteorologia	Meteorology
Mineralogia	Mineralogy
Neurologia	Neurology
Psicologia	Psychology
Química	Chemistry
Sociologia	Sociology
Zoologia	Zoology

Ecologia
Ecology

Clima	Climate
Comunidades	Communities
Diversidade	Diversity
Fauna	Fauna
Flora	Flora
Global	Global
Habitat	Habitat
Marinho	Marine
Montanhas	Mountains
Natural	Natural
Natureza	Nature
Pântano	Marsh
Plantas	Plants
Recursos	Resources
Seca	Drought
Sobrevivência	Survival
Sustentável	Sustainable
Variedade	Variety
Vegetação	Vegetation
Voluntários	Volunteers

Edifícios
Buildings

Apartamento	Apartment
Castelo	Castle
Celeiro	Barn
Cinema	Cinema
Embaixada	Embassy
Escola	School
Estádio	Stadium
Fazenda	Farm
Fábrica	Factory
Garagem	Garage
Hospital	Hospital
Hotel	Hotel
Laboratório	Laboratory
Museu	Museum
Observatório	Observatory
Supermercado	Supermarket
Teatro	Theater
Tenda	Tent
Torre	Tower
Universidade	University

Emoções
Emotions

Alegria	Joy
Amor	Love
Animado	Excited
Bem-Aventurança	Bliss
Bondade	Kindness
Calmo	Calm
Conteúdo	Content
Envergonhado	Embarrassed
Grato	Grateful
Medo	Fear
Paz	Peace
Raiva	Anger
Relaxado	Relaxed
Satisfeito	Satisfied
Simpatia	Sympathy
Ternura	Tenderness
Tédio	Boredom
Tranquilidade	Tranquility
Tristeza	Sadness

Escalada
Climbing

Altitude	Altitude
Atmosfera	Atmosphere
Botas	Boots
Caminhada	Hiking
Capacete	Helmet
Caverna	Cave
Curiosidade	Curiosity
Desafios	Challenges
Especialista	Expert
Estabilidade	Stability
Estreito	Narrow
Físico	Physical
Força	Strength
Guias	Guides
Luvas	Gloves
Mapa	Map
Terreno	Terrain

Escola # 2
School #2

Acadêmico	Academic
Atividades	Activities
Biblioteca	Library
Calendário	Calendar
Ciência	Science
Computador	Computer
Dicionário	Dictionary
Educação	Education
Gramática	Grammar
Jogos	Games
Lápis	Pencil
Leitura	Reading
Literatura	Literature
Livros	Books
Matemática	Math
Mochila	Backpack
Papel	Paper
Professor	Teacher
Suprimentos	Supplies
Tesoura	Scissors

Escola #1
School #1

Alfabeto	Alphabet
Almoço	Lunch
Amigos	Friends
Aprender	To Learn
Biblioteca	Library
Cadeira	Chair
Canetas	Pens
Exames	Exams
Lápis	Pencil
Livros	Books
Marcadores	Markers
Matemática	Math
Mesa	Desk
Números	Numbers
Papel	Paper
Pastas	Folders
Professor	Teacher
Questionário	Quiz
Respostas	Answers

Especiarias
Spices

Açafrão	Saffron
Alcaçuz	Licorice
Alho	Garlic
Amargo	Bitter
Anis	Anise
Azedo	Sour
Baunilha	Vanilla
Canela	Cinnamon
Cardamomo	Cardamom
Caril	Curry
Cebola	Onion
Coentro	Coriander
Cominho	Cumin
Doce	Sweet
Funcho	Fennel
Gengibre	Ginger
Noz-Moscada	Nutmeg
Pimenta	Pepper
Sabor	Flavor
Sal	Salt

Esportes
Sports

Atleta	Athlete
Árbitro	Referee
Basquete	Basketball
Beisebol	Baseball
Bicicleta	Bicycle
Campeonato	Championship
Equipe	Team
Estádio	Stadium
Ganhador	Winner
Ginásio	Gymnasium
Ginástica	Gymnastics
Golfe	Golf
Hóquei	Hockey
Jogador	Player
Jogo	Game
Movimento	Movement
Tênis	Tennis
Treinador	Coach

Exploração
Exploration

Animais	Animals
Aprender	To Learn
Atividade	Activity
Busca	Quest
Coragem	Courage
Culturas	Cultures
Descoberta	Discovery
Desconhecido	Unknown
Determinação	Determination
Distante	Distant
Espaço	Space
Exaustão	Exhaustion
Excitação	Excitement
Língua	Language
Novo	New
Perigos	Hazards
Selvagem	Wild
Terreno	Terrain
Viagem	Travel

Família
Family

Antepassado	Ancestor
Avó	Grandmother
Criança	Child
Crianças	Children
Esposa	Wife
Filha	Daughter
Infância	Childhood
Irmã	Sister
Irmão	Brother
Marido	Husband
Materno	Maternal
Mãe	Mother
Neto	Grandson
Pai	Father
Paterno	Paternal
Primo	Cousin
Sobrinha	Niece
Sobrinho	Nephew
Tia	Aunt
Tio	Uncle

Fazenda #1
Farm #1

Abelha	Bee
Agricultura	Agriculture
Arroz	Rice
Água	Water
Bezerro	Calf
Burro	Donkey
Cabra	Goat
Campo	Field
Cavalo	Horse
Cão	Dog
Cerca	Fence
Corvo	Crow
Feno	Hay
Fertilizante	Fertilizer
Frango	Chicken
Gato	Cat
Mel	Honey
Porco	Pig
Rebanho	Flock
Vaca	Cow

Fazenda #2
Farm #2

Agricultor	Farmer
Animais	Animals
Celeiro	Barn
Cevada	Barley
Colmeia	Beehive
Cordeiro	Lamb
Fruta	Fruit
Irrigação	Irrigation
Leite	Milk
Lhama	Llama
Maduro	Ripe
Milho	Corn
Ovelha	Sheep
Pastor	Shepherd
Pato	Duck
Pomar	Orchard
Prado	Meadow
Trator	Tractor
Trigo	Wheat
Vegetal	Vegetable

Ferramentas
Tools

Alicate	Pliers
Cabo	Cable
Cola	Glue
Corda	Rope
Escada	Ladder
Faca	Knife
Grampeador	Stapler
Grampo	Staple
Machado	Axe
Malho	Mallet
Martelo	Hammer
Navalha	Razor
Parafuso	Screw
Pá	Shovel
Roda	Wheel
Tesoura	Scissors
Tocha	Torch

Ferramentas de Cozinha
Cooking Tools

Chaleira	Kettle
Coador	Colander
Colher	Spoon
Espátula	Spatula
Espremedor	Juicer
Faca	Knife
Fogão	Stove
Forno	Oven
Garfo	Fork
Geladeira	Refrigerator
Liquidificador	Blender
Ralador	Grater
Talheres	Cutlery
Tampa	Lid
Termômetro	Thermometer
Tesoura	Scissors
Torradeira	Toaster

Férias #2
Vacation #2

Acampamento	Camping
Aeroporto	Airport
Destino	Destination
Estrangeiro	Foreigner
Feriado	Holiday
Fotos	Photos
Hotel	Hotel
Ilha	Island
Lazer	Leisure
Mapa	Map
Mar	Sea
Montanhas	Mountains
Passaporte	Passport
Praia	Beach
Reservas	Reservations
Restaurante	Restaurant
Táxi	Taxi
Tenda	Tent
Viagem	Journey
Visto	Visa

Ficção Científica
Science Fiction

Atómico	Atomic
Cinema	Cinema
Distante	Distant
Distopia	Dystopia
Explosão	Explosion
Extremo	Extreme
Fantástico	Fantastic
Fogo	Fire
Futurista	Futuristic
Galáxia	Galaxy
Ilusão	Illusion
Imaginário	Imaginary
Livros	Books
Misterioso	Mysterious
Mundo	World
Oráculo	Oracle
Planeta	Planet
Robôs	Robots
Tecnologia	Technology
Utopia	Utopia

Flores
Flowers

Buquê	Bouquet
Calêndula	Calendula
Dente-De-Leão	Dandelion
Gardênia	Gardenia
Girassol	Sunflower
Hibisco	Hibiscus
Jasmim	Jasmine
Lavanda	Lavender
Lilás	Lilac
Lírio	Lily
Magnólia	Magnolia
Margarida	Daisy
Orquídea	Orchid
Papoula	Poppy
Peônia	Peony
Pétala	Petal
Plumeria	Plumeria
Rosa	Rose
Trevo	Clover
Tulipa	Tulip

Floresta Tropical
Rainforest

Anfíbios	Amphibians
Botânico	Botanical
Clima	Climate
Comunidade	Community
Diversidade	Diversity
Espécies	Species
Indígena	Indigenous
Insetos	Insects
Mamíferos	Mammals
Musgo	Moss
Natureza	Nature
Nuvens	Clouds
Pássaros	Birds
Preservação	Preservation
Refúgio	Refuge
Respeito	Respect
Restauração	Restoration
Selva	Jungle
Sobrevivência	Survival
Valioso	Valuable

Formas
Shapes

Arco	Arc
Canto	Corner
Cilindro	Cylinder
Círculo	Circle
Cone	Cone
Cubo	Cube
Curva	Curve
Elipse	Ellipse
Esfera	Sphere
Hipérbole	Hyperbola
Lado	Side
Linha	Line
Oval	Oval
Pirâmide	Pyramid
Polígono	Polygon
Prisma	Prism
Quadrado	Square
Retângulo	Rectangle
Triângulo	Triangle

Frutas
Fruit

Abacate	Avocado
Abacaxi	Pineapple
Amora	Blackberry
Baga	Berry
Banana	Banana
Cereja	Cherry
Coco	Coconut
Damasco	Apricot
Figo	Fig
Framboesa	Raspberry
Kiwi	Kiwi
Laranja	Orange
Limão	Lemon
Maçã	Apple
Mamão	Papaya
Manga	Mango
Nectarina	Nectarine
Pera	Pear
Pêssego	Peach
Uva	Grape

Geografia
Geography

Altitude	Altitude
Atlas	Atlas
Cidade	City
Continente	Continent
Hemisfério	Hemisphere
Ilha	Island
Latitude	Latitude
Mapa	Map
Mar	Sea
Meridiano	Meridian
Montanha	Mountain
Mundo	World
Norte	North
Oceano	Ocean
Oeste	West
País	Country
Região	Region
Rio	River
Sul	South
Território	Territory

Geologia
Geology

Ácido	Acid
Camada	Layer
Caverna	Cavern
Cálcio	Calcium
Continente	Continent
Coral	Coral
Cristais	Crystals
Erosão	Erosion
Estalactite	Stalactite
Estalagmites	Stalagmites
Fóssil	Fossil
Lava	Lava
Minerais	Minerals
Pedra	Stone
Platô	Plateau
Quartzo	Quartz
Sal	Salt
Terremoto	Earthquake
Vulcão	Volcano
Zona	Zone

Herbalismo
Herbalism

Açafrão	Saffron
Alecrim	Rosemary
Alho	Garlic
Aromático	Aromatic
Benéfico	Beneficial
Coentro	Coriander
Estragão	Tarragon
Flor	Flower
Funcho	Fennel
Ingrediente	Ingredient
Jardim	Garden
Lavanda	Lavender
Manjericão	Basil
Manjerona	Marjoram
Planta	Plant
Qualidade	Quality
Sabor	Flavor
Salsa	Parsley
Tomilho	Thyme
Verde	Green

Insetos
Insects

Abelha	Bee
Barata	Cockroach
Besouro	Beetle
Borboleta	Butterfly
Cigarra	Cicada
Cupim	Termite
Formiga	Ant
Gafanhoto	Grasshopper
Joaninha	Ladybug
Larva	Larva
Libélula	Dragonfly
Louva-A-Deus	Mantis
Mariposa	Moth
Minhoca	Worm
Mosquito	Mosquito
Pulga	Flea
Pulgão	Aphid
Vespa	Wasp

Instrumentos Musicais
Musical Instruments

Bandolim	Mandolin
Banjo	Banjo
Clarinete	Clarinet
Fagote	Bassoon
Flauta	Flute
Gaita	Harmonica
Gongo	Gong
Harpa	Harp
Marimba	Marimba
Oboé	Oboe
Pandeiro	Tambourine
Percussão	Percussion
Piano	Piano
Saxofone	Saxophone
Tambor	Drum
Trombone	Trombone
Trompete	Trumpet
Violão	Guitar
Violino	Violin
Violoncelo	Cello

Jardim
Garden

Ancinho	Rake
Arbusto	Bush
Árvore	Tree
Banco	Bench
Cerca	Fence
Flor	Flower
Garagem	Garage
Grama	Grass
Gramado	Lawn
Jardim	Garden
Lagoa	Pond
Maca	Hammock
Mangueira	Hose
Pá	Shovel
Pomar	Orchard
Solo	Soil
Terraço	Terrace
Trampolim	Trampoline
Varanda	Porch
Videira	Vine

Literatura
Literature

Analogia	Analogy
Análise	Analysis
Anedota	Anecdote
Autor	Author
Biografia	Biography
Comparação	Comparison
Conclusão	Conclusion
Descrição	Description
Diálogo	Dialogue
Estilo	Style
Ficção	Fiction
Metáfora	Metaphor
Narrador	Narrator
Opinião	Opinion
Poema	Poem
Rima	Rhyme
Ritmo	Rhythm
Romance	Novel
Tema	Theme
Tragédia	Tragedy

Livros
Books

Autor	Author
Aventura	Adventure
Coleção	Collection
Contexto	Context
Dualidade	Duality
Escrito	Written
Épico	Epic
História	Story
Histórico	Historical
Inventivo	Inventive
Leitor	Reader
Literário	Literary
Narrador	Narrator
Página	Page
Poema	Poem
Poesia	Poetry
Relevante	Relevant
Romance	Novel
Série	Series
Trágico	Tragic

Mamíferos
Mammals

Baleia	Whale
Camelo	Camel
Canguru	Kangaroo
Castor	Beaver
Cavalo	Horse
Cão	Dog
Coelho	Rabbit
Coiote	Coyote
Elefante	Elephant
Gato	Cat
Girafa	Giraffe
Golfinho	Dolphin
Gorila	Gorilla
Leão	Lion
Lobo	Wolf
Macaco	Monkey
Ovelha	Sheep
Raposa	Fox
Touro	Bull
Zebra	Zebra

Matemática
Math

Aritmética	Arithmetic
Ângulos	Angles
Circunferência	Circumference
Decimal	Decimal
Diâmetro	Diameter
Equação	Equation
Expoente	Exponent
Fração	Fraction
Geometria	Geometry
Paralelo	Parallel
Paralelogramo	Parallelogram
Perímetro	Perimeter
Perpendicular	Perpendicular
Polígono	Polygon
Raio	Radius
Retângulo	Rectangle
Simetria	Symmetry
Soma	Sum
Triângulo	Triangle
Volume	Volume

Material de Arte
Art Supplies

Acrílico	Acrylic
Apagador	Eraser
Aquarelas	Watercolors
Argila	Clay
Água	Water
Cadeira	Chair
Carvão	Charcoal
Cavalete	Easel
Câmera	Camera
Cola	Glue
Cores	Colors
Criatividade	Creativity
Escovas	Brushes
Lápis	Pencils
Mesa	Table
Óleo	Oil
Papel	Paper
Pastels	Pastels
Tinta	Ink
Tintas	Paints

Medições
Measurements

Altura	Height
Byte	Byte
Centímetro	Centimeter
Comprimento	Length
Decimal	Decimal
Grama	Gram
Grau	Degree
Largura	Width
Litro	Liter
Massa	Mass
Metro	Meter
Minuto	Minute
Onça	Ounce
Peso	Weight
Polegada	Inch
Profundidade	Depth
Quilograma	Kilogram
Quilômetro	Kilometer
Tonelada	Ton
Volume	Volume

Meditação
Meditation

Aceitação	Acceptance
Acordado	Awake
Atenção	Attention
Bondade	Kindness
Clareza	Clarity
Compaixão	Compassion
Emoções	Emotions
Ensinamentos	Teachings
Gratidão	Gratitude
Mental	Mental
Mente	Mind
Movimento	Movement
Música	Music
Natureza	Nature
Observação	Observation
Paz	Peace
Pensamentos	Thoughts
Perspectiva	Perspective
Postura	Posture
Silêncio	Silence

Mitologia
Mythology

Arquétipo	Archetype
Ciúmes	Jealousy
Comportamento	Behavior
Criação	Creation
Criatura	Creature
Cultura	Culture
Desastre	Disaster
Força	Strength
Guerreiro	Warrior
Heroína	Heroine
Herói	Hero
Imortalidade	Immortality
Labirinto	Labyrinth
Lenda	Legend
Mágico	Magical
Monstro	Monster
Mortal	Mortal
Relâmpago	Lightning
Trovão	Thunder
Vingança	Revenge

Móveis
Furniture

Almofada	Pillow
Almofadas	Cushions
Banco	Bench
Cadeira	Chair
Cama	Bed
Colchão	Mattress
Cortinas	Curtains
Cômoda	Dresser
Espelho	Mirror
Estante	Bookcase
Futon	Futon
Maca	Hammock
Mesa	Desk
Poltrona	Armchair
Prateleiras	Shelves
Sofá	Couch
Tapete	Rug

Natureza
Nature

Abelhas	Bees
Abrigo	Shelter
Animais	Animals
Ártico	Arctic
Beleza	Beauty
Deserto	Desert
Dinâmico	Dynamic
Erosão	Erosion
Floresta	Forest
Folhagem	Foliage
Geleira	Glacier
Nevoeiro	Fog
Nuvens	Clouds
Pacífico	Peaceful
Rio	River
Santuário	Sanctuary
Selvagem	Wild
Sereno	Serene
Tropical	Tropical
Vital	Vital

Nutrição
Nutrition

Amargo	Bitter
Apetite	Appetite
Calorias	Calories
Carboidratos	Carbohydrates
Comestível	Edible
Dieta	Diet
Digestão	Digestion
Equilibrado	Balanced
Fermentação	Fermentation
Líquidos	Liquids
Molho	Sauce
Nutriente	Nutrient
Peso	Weight
Proteínas	Proteins
Qualidade	Quality
Sabor	Flavor
Saudável	Healthy
Saúde	Health
Toxina	Toxin
Vitamina	Vitamin

Números
Numbers

Cinco	Five
Decimal	Decimal
Dez	Ten
Dezesseis	Sixteen
Dezessete	Seventeen
Dezoito	Eighteen
Dois	Two
Doze	Twelve
Nove	Nine
Oito	Eight
Quatorze	Fourteen
Quatro	Four
Quinze	Fifteen
Seis	Six
Sete	Seven
Treze	Thirteen
Três	Three
Um	One
Vinte	Twenty
Zero	Zero

Oceano
Ocean

Alga	Algae
Atum	Tuna
Baleia	Whale
Barco	Boat
Camarão	Shrimp
Caranguejo	Crab
Coral	Coral
Enguia	Eel
Esponja	Sponge
Golfinho	Dolphin
Marés	Tides
Medusa	Jellyfish
Ostra	Oyster
Peixe	Fish
Polvo	Octopus
Recife	Reef
Sal	Salt
Tartaruga	Turtle
Tempestade	Storm
Tubarão	Shark

Paisagens
Landscapes

Cascata	Waterfall
Caverna	Cave
Colina	Hill
Deserto	Desert
Geleira	Glacier
Golfo	Gulf
Iceberg	Iceberg
Ilha	Island
Lago	Lake
Mar	Sea
Montanha	Mountain
Oásis	Oasis
Oceano	Ocean
Pântano	Swamp
Península	Peninsula
Praia	Beach
Rio	River
Tundra	Tundra
Vale	Valley
Vulcão	Volcano

Países #2
Countries #2

Albânia	Albania
Dinamarca	Denmark
França	France
Grécia	Greece
Haiti	Haiti
Indonésia	Indonesia
Irlanda	Ireland
Jamaica	Jamaica
Japão	Japan
Laos	Laos
Líbano	Lebanon
México	Mexico
Nepal	Nepal
Nigéria	Nigeria
Paquistão	Pakistan
Rússia	Russia
Síria	Syria
Somália	Somalia
Ucrânia	Ukraine
Uganda	Uganda

Pássaros
Birds

Avestruz	Ostrich
Águia	Eagle
Cegonha	Stork
Cisne	Swan
Corvo	Crow
Cuco	Cuckoo
Flamingo	Flamingo
Frango	Chicken
Gaivota	Gull
Ganso	Goose
Garça	Heron
Ovo	Egg
Papagaio	Parrot
Pardal	Sparrow
Pato	Duck
Pavão	Peacock
Pelicano	Pelican
Pinguim	Penguin
Pombo	Pigeon
Tucano	Toucan

Pesca
Fishing

Água	Water
Barbatanas	Fins
Barco	Boat
Brânquias	Gills
Cesta	Basket
Cozinhar	Cook
Equipamento	Equipment
Exagero	Exaggeration
Fio	Wire
Gancho	Hook
Isca	Bait
Lago	Lake
Mandíbula	Jaw
Oceano	Ocean
Paciência	Patience
Peso	Weight
Praia	Beach
Rio	River
Temporada	Season

Piratas
Pirates

Aventura	Adventure
Âncora	Anchor
Bússola	Compass
Capitão	Captain
Caverna	Cave
Cicatriz	Scar
Espada	Sword
Ilha	Island
Lenda	Legend
Mapa	Map
Mau	Bad
Moedas	Coins
Oceano	Ocean
Ouro	Gold
Papagaio	Parrot
Perigo	Danger
Praia	Beach
Rum	Rum
Tesouro	Treasure
Tripulação	Crew

Plantas
Plants

Arbusto	Bush
Árvore	Tree
Baga	Berry
Bambu	Bamboo
Botânica	Botany
Cacto	Cactus
Erva	Herb
Feijão	Bean
Fertilizante	Fertilizer
Flor	Flower
Flora	Flora
Floresta	Forest
Folhagem	Foliage
Grama	Grass
Hera	Ivy
Jardim	Garden
Musgo	Moss
Pétala	Petal
Raiz	Root
Vegetação	Vegetation

Praia
Beach

Areia	Sand
Azul	Blue
Barco	Boat
Caranguejo	Crab
Costa	Coast
Doca	Dock
Guarda-Chuva	Umbrella
Ilha	Island
Lagoa	Lagoon
Mar	Sea
Oceano	Ocean
Recife	Reef
Sandálias	Sandals
Sol	Sun
Toalha	Towel
Veleiro	Sailboat

Preencher
To Fill

Bacia	Basin
Balde	Bucket
Bandeja	Tray
Barril	Barrel
Bolso	Pocket
Caixa	Box
Cesta	Basket
Envelope	Envelope
Garrafa	Bottle
Gaveta	Drawer
Jar	Jar
Mala	Suitcase
Navio	Vessel
Pacote	Packet
Pasta	Folder
Saco	Bag
Tubo	Tube
Vaso	Vase

Profissões #1
Professions #1

Advogado	Attorney
Artista	Artist
Astrônomo	Astronomer
Banqueiro	Banker
Bombeiro	Firefighter
Caçador	Hunter
Cartógrafo	Cartographer
Cientista	Scientist
Dançarino	Dancer
Editor	Editor
Embaixador	Ambassador
Encanador	Plumber
Enfermeira	Nurse
Geólogo	Geologist
Joalheiro	Jeweler
Marinheiro	Sailor
Músico	Musician
Pianista	Pianist
Psicólogo	Psychologist
Veterinário	Veterinarian

Profissões #2
Professions #2

Agricultor	Farmer
Astronauta	Astronaut
Bibliotecário	Librarian
Biólogo	Biologist
Cirurgião	Surgeon
Dentista	Dentist
Engenheiro	Engineer
Filósofo	Philosopher
Fotógrafo	Photographer
Ilustrador	Illustrator
Inventor	Inventor
Investigador	Researcher
Jardineiro	Gardener
Jornalista	Journalist
Linguista	Linguist
Médico	Physician
Piloto	Pilot
Pintor	Painter
Professor	Teacher
Zoólogo	Zoologist

Restaurante # 2
Restaurant #2

Almoço	Lunch
Aperitivo	Appetizer
Água	Water
Bebida	Beverage
Bolo	Cake
Cadeira	Chair
Colher	Spoon
Delicioso	Delicious
Especiarias	Spices
Fruta	Fruit
Garçom	Waiter
Garfo	Fork
Gelo	Ice
Jantar	Dinner
Legumes	Vegetables
Macarrão	Noodles
Peixe	Fish
Sal	Salt
Salada	Salad
Sopa	Soup

Restaurante #1
Restaurant #1

Alergia	Allergy
Café	Coffee
Caixa	Cashier
Carne	Meat
Comer	To Eat
Cozinha	Kitchen
Faca	Knife
Frango	Chicken
Garçonete	Waitress
Guardanapo	Napkin
Ingredientes	Ingredients
Menu	Menu
Molho	Sauce
Pão	Bread
Picante	Spicy
Placa	Plate
Reserva	Reservation
Sobremesa	Dessert
Tigela	Bowl

Roupas
Clothes

Avental	Apron
Blusa	Blouse
Calça	Pants
Camisa	Shirt
Casaco	Coat
Chapéu	Hat
Cinto	Belt
Colar	Necklace
Jaqueta	Jacket
Jeans	Jeans
Luvas	Gloves
Meias	Socks
Moda	Fashion
Pijama	Pajamas
Pulseira	Bracelet
Saia	Skirt
Sandálias	Sandals
Sapato	Shoe
Suéter	Sweater
Vestido	Dress

Sons
Sounds

Alto	Loud
Apito	Whistle
Aplaudir	Clap
Concerto	Concert
Coro	Chorus
Eco	Echo
Gemer	Groan
Repetitivo	Repetitive
Ressonante	Resonant
Riso	Laughter
Ruidoso	Noisy
Sino	Bell
Sirenes	Sirens
Sussurrar	Whisper
Tosse	Cough
Vibração	Vibration
Vozes	Voices

Tecnologia
Technology

Arquivo	File
Blog	Blog
Bytes	Bytes
Câmera	Camera
Computador	Computer
Cursor	Cursor
Dados	Data
Digital	Digital
Estatísticas	Statistics
Fonte	Font
Internet	Internet
Mensagem	Message
Navegador	Browser
Pesquisa	Research
Segurança	Security
Software	Software
Tela	Screen
Virtual	Virtual
Vírus	Virus

Tempo
Time

Agora	Now
Ano	Year
Antes	Before
Anual	Annual
Calendário	Calendar
Década	Decade
Dia	Day
Futuro	Future
Hoje	Today
Hora	Hour
Manhã	Morning
Meio-Dia	Noon
Mês	Month
Minuto	Minute
Momento	Moment
Noite	Night
Ontem	Yesterday
Relógio	Clock
Semana	Week
Século	Century

Tipos de Cabelo
Hair Types

Branco	White
Brilhante	Shiny
Cachos	Curls
Careca	Bald
Cinza	Gray
Colori	Colored
Encaracolado	Curly
Fino	Thin
Grosso	Thick
Loiro	Blond
Longo	Long
Marrom	Brown
Ondulado	Wavy
Prata	Silver
Preto	Black
Saudável	Healthy
Seco	Dry
Suave	Soft
Trançado	Braided
Tranças	Braids

Vegetais
Vegetables

Abóbora	Pumpkin
Aipo	Celery
Alcachofra	Artichoke
Alho	Garlic
Batata	Potato
Beringela	Eggplant
Brócolis	Broccoli
Cebola	Onion
Cenoura	Carrot
Chalota	Shallot
Cogumelo	Mushroom
Ervilha	Pea
Espinafre	Spinach
Gengibre	Ginger
Nabo	Turnip
Pepino	Cucumber
Rabanete	Radish
Salada	Salad
Salsa	Parsley
Tomate	Tomato

Veículos
Vehicles

Ambulância	Ambulance
Avião	Airplane
Balsa	Ferry
Barco	Boat
Bicicleta	Bicycle
Caminhão	Truck
Caravana	Caravan
Carro	Car
Foguete	Rocket
Helicóptero	Helicopter
Jangada	Raft
Lambreta	Scooter
Metrô	Subway
Motor	Motor
Ônibus	Bus
Pneus	Tires
Submarino	Submarine
Táxi	Taxi
Transporte	Shuttle
Trator	Tractor

Verão
Summer

Acampamento	Camping
Alegria	Joy
Amigos	Friends
Casa	Home
Estrelas	Stars
Família	Family
Jardim	Garden
Jogos	Games
Lazer	Leisure
Livros	Books
Mar	Sea
Mergulho	Diving
Música	Music
Praia	Beach
Relaxamento	Relaxation
Sandálias	Sandals
Viagem	Travel

Virtudes #1
Virtues #1

Apaixonado	Passionate
Artístico	Artistic
Bom	Good
Confiante	Confident
Curioso	Curious
Decisivo	Decisive
Eficiente	Efficient
Encantador	Charming
Engraçado	Funny
Generoso	Generous
Imaginativo	Imaginative
Independente	Independent
Inteligente	Intelligent
Limpo	Clean
Modesto	Modest
Paciente	Patient
Prático	Practical
Sábio	Wise
Útil	Helpful

Xadrez
Chess

Aprender	To Learn
Branco	White
Campeão	Champion
Concurso	Contest
Desafios	Challenges
Diagonal	Diagonal
Estratégia	Strategy
Jogador	Player
Jogo	Game
Oponente	Opponent
Passivo	Passive
Pontos	Points
Preto	Black
Rainha	Queen
Regras	Rules
Rei	King
Sacrifício	Sacrifice
Tempo	Time
Torneio	Tournament

Parabéns

Conseguiu!

Esperamos que tenha gostado tanto deste livro como nós gostamos de o desenhar. Esforçamo-nos por criar livros da mais alta qualidade possível.
Esta edição foi concebida para proporcionar uma aprendizagem inteligente, de qualidade e divertida!

Gostou deste livro?

Um simples pedido

Estes livros existem graças às críticas que publica.
Pode ajudar-nos, deixando agora uma revisão?

Aqui está um pequeno link para
a sua página de revisão:

BestBooksActivity.com/Avaliacoes50

DESAFIO FINAL!

Desafio n° 1

Está pronto para o seu jogo grátis? Usamo-los a toda a hora, mas não são tão fáceis de encontrar - aqui estão os **Sinônimos!**

Escreva 5 palavras que encontrou nos puzzles (n° 21, n° 36, n° 76) e tente encontrar 2 sinónimos para cada palavra.

Escreva 5 palavras de *Puzzle 21*

Palavras	Sinônimo 1	Sinônimo 2

Escreva 5 palavras de *Puzzle 36*

Palavras	Sinônimo 1	Sinônimo 2

Escreva 5 palavras de *Puzzle 76*

Palavras	Sinônimo 1	Sinônimo 2

Desafio n° 2

Agora que já aqueceu, escreva 5 palavras que encontrou nos Puzzles (n° 9, n° 17 e n° 25) e tente encontrar 2 antônimos para cada palavra. Quantos se podem encontrar em 20 minutos?

Escreva 5 palavras de **Puzzle 9**

Palavras	Antônimo 1	Antônimo 2

Escreva 5 palavras de **Puzzle 17**

Palavras	Antônimo 1	Antônimo 2

Escreva 5 palavras de **Puzzle 25**

Palavras	Antônimo 1	Antônimo 2

Desafio n° 3

Óptimo! Este desafio final não é nada para si.

Pronto para o desafio final? Escolha 10 palavras que tenha descoberto nos diferentes puzzles e escreva-as abaixo.

1.	6.
2.	7.
3.	8.
4.	9.
5.	10.

Agora escreva um texto a pensar numa pessoa, num animal ou num lugar de seu agrado.

Pode utilizar a última página deste livro como um rascunho.

A Sua Composição:

CADERNO DE NOTAS:

ATÉ BREVE!

A equipa Inteira

DESCUBRA JOGOS GRATUITOS

GO

↓

BESTACTIVITYBOOKS.COM/FREEGAMES